Os atributos
de Deus I

Dados Internacionais de Catalogação na Publicação (CIP)
(Câmara Brasileira do Livro, SP, Brasil)

Tozer, A. W., 1897-1963
  Os atributos de Deus 1 : uma viagem ao coração do Pai / A. W. Tozer ; tradução Jurandy Bravo. -- 1. ed. -- São Paulo : Editora Vida, 2021.

  Título original: *Attributes of God 1*
  ISBN 978-65-5584-214-2

  1. Bíblia - Ensinamentos 2. Cristianismo 3. Deus (Cristianismo) - Adoração e amor 4. Deus (Cristianismo) - Conhecimento 5. Deus (Cristianismo) - Estudo e ensino 6. Fé 7. Literatura devocional 8. Moral cristã I. Título.

21-63205 CDD-231.6

Índices para catálogo sistemático:
1. Deus : Amor : Conhecimento da verdade : Cristianismo 231.6
Aline Graziele Benitez - Bibliotecária - CRB-1/3129

A. W. Tozer

Os atributos de Deus I

—

Uma viagem
ao coração do Pai

—

Vida

EDITORA VIDA
Rua Conde de Sarzedas, 246 — Liberdade
CEP 01512-070 — São Paulo, SP
Tel.: 0 xx 11 2618 7000
atendimento@editoravida.com.br
www.editoravida.com.br
@editora_vida /editoravida

Editor responsável: Gisele Romão da Cruz
Editor-assistente: Amanda Santos
Tradução: Jurandy Bravo
Revisão de tradução: Josemar de Souza Pinto
Revisão de provas: Andrea Filatro
Diagramação: Claudia Fatel Lino
Capa: Arte Vida

OS ATRIBUTOS DE DEUS
©1997, by A. W. Tozer
Originalmente publicado nos EUA com
o título *The Attributes of God*, vol. 1
Edição brasileira © 2021, Editora Vida
Publicação com permissão contratual da
MOODY PUBLISHERS (Chicago, IL, EUA)

Todos os direitos desta edição em língua portuguesa
reservados e protegidos por Editora Vida pela
Lei 9.610, de 19/02/1998.

É proibida a reprodução desta obra por quaisquer meios
(físicos, eletrônicos ou digitais), salvo em breves citações,
com indicação da fonte.

∎

Exceto em caso de indicação em contrário,
todas as citações bíblicas foram extraídas de
Nova Versão Internacional (NVI)
© 1993, 2000, 2011 by International Bible Society, edição
publicada por Editora Vida. Todos os direitos reservados.

Todas as citações bíblicas e de terceiros foram adaptadas
segundo o Acordo Ortográfico da Língua Portuguesa,
assinado em 1990, em vigor desde janeiro de 2009.

∎

As opiniões expressas nesta obra refletem o ponto de vista
de seus autores e não são necessariamente equivalentes às
da Editora Vida ou de sua equipe editorial.

Os nomes das pessoas citadas na obra foram alterados nos
casos em que poderia surgir alguma situação embaraçosa.

Todos os grifos são do autor, exceto indicação em
contrário.

1. edição: jun. 2021
1. reimp.: maio 2023

Esta obra foi composta em *Sabon LT Std*
e impressa por Gráfica Expressão e Arte sobre papel
Pólen Natural 80 g/m² para Editora Vida.

Sumário

1. A infinitude de Deus 7
2. A incomensurabilidade de Deus 21
3. A bondade de Deus 41
4. A justiça de Deus 57
5. A misericórdia de Deus 71
6. A graça de Deus 89
7. A onipresença de Deus 107
8. A imanência de Deus 125
9. A santidade de Deus 143
10. A perfeição de Deus 159

CAPÍTULO 1

A infinitude de Deus

> *Portanto, já que vocês ressuscitaram com Cristo, procurem as coisas que são do alto, onde Cristo está assentado à direita de Deus. Mantenham o pensamento nas coisas do alto, e não nas coisas terrenas. Pois vocês morreram, e agora a sua vida está escondida com Cristo em Deus.* (Colossenses 3.1-3)

As oito últimas palavras desse versículo dariam um bom sermão: "sua vida está escondida com Cristo em Deus". Quero recorrer a um livro escrito 600 anos atrás e fazer algumas citações, entrelaçando-as na minha mensagem sobre a viagem ao coração de Deus: "com Cristo em Deus".

A viagem para o infinito

Refiro-me ao livro escrito por Juliana de Norwich, mulher muito piedosa.[1]

Quero citar o que essa senhora disse acerca da Trindade: "De súbito, a Trindade encheu meu coração de alegria. E eu entendi que assim será no céu, sem nunca ter fim". Trata-se aqui de um nível acima do céu utilitário para o qual a maioria das pessoas deseja ir, onde terão tudo de que precisam — um sobrado, dois carros, uma fonte e uma piscina, além de ruas de ouro. Juliana entendeu que o céu será o céu porque a Trindade encherá nosso coração de "alegria sem fim", pois a Trindade é Deus, e Deus é a Trindade.

---

[1] JULIANA DE NORWICH. **Revelações do amor divino**. São Paulo: Paulus, 2018.

A Trindade nos criou e nos guarda, e é nosso amor infinito, nossa alegria e êxtase eternos.

Tudo isso é marca de Jesus Cristo e, como disse Juliana, "onde Jesus se faz presente, infere-se a Trindade bendita". Precisamos ter na mente e no coração que Jesus Cristo é a plena e total manifestação da Trindade: "[...] Quem me vê, vê o Pai [...]" (João 14.9). Ele revela a glória do Deus trino, Deus em sua totalidade! Onde Jesus se manifesta, aí está Deus. Onde Jesus é glorificado, Deus é glorificado.

Eu não citaria ninguém, a menos que as Escrituras o confirmassem, e elas de fato confirmam que a Trindade encherá nosso coração. "Ninguém jamais viu a Deus; se amarmos uns aos outros, Deus permanece em nós, e o seu amor está aperfeiçoado em nós. Sabemos que permanecemos nele, e ele em nós, porque ele nos deu do seu Espírito" (1João 4.12,13). Aqui estão, Pai e Espírito. "E vimos e testemunhamos que o Pai enviou seu Filho para ser o Salvador do mundo. Se alguém confessa publicamente que Jesus é o Filho de Deus, Deus permanece nele, e ele em Deus." (4.14,15.) Aqui, o Pai e o Filho. Ou seja, a Trindade inteira.

"Minha oração não é apenas por eles. Rogo também por aqueles que crerão em mim, por meio da mensagem deles, para que todos sejam um, Pai, como tu estás em mim e eu em ti. Que eles também estejam em nós, para que o mundo creia que tu me enviaste" (João 17.20,21.) Você crê em Jesus por intermédio da mensagem dos apóstolos? Se crê, significa que Jesus disse aqui de maneira muito distinta: "Estou orando por vocês para que todos vocês possam ser um como o Pai está em mim e eu nele, para que vocês possam ser um em nós. Eu em vocês, e o Pai em mim".

Outro dia, ouvi um homem orar assim: "Ó Deus, que és a verdade, faz que eu seja um contigo em amor eterno. Canso de ler e ouvir tanta coisa, mas tu és tudo que posso querer e almejar". A Igreja sairá do seu marasmo quando descobrirmos que a salvação não é apenas uma lâmpada, simples apólice de seguro contra o inferno, mas uma porta de acesso a Deus, e que Deus é tudo que podemos desejar e almejar. De novo, Juliana: "Vi que Deus é para nós tudo de bom e agradável. Ele é nossas vestes; seu amor nos envolve, nos abraça e nos cerca de todos os lados, posto que é terno, de modo que jamais nos deixa, sendo para nós tudo que é bom".

O cristianismo é uma porta de acesso para Deus. Depois, a partir do momento em que você adentra em Deus, "com Cristo em Deus", vê-se, então, em uma viagem para o infinito, para a infinitude. Não há limite nem ponto de parada. Inexiste só uma obra da graça, ou uma segunda ou uma terceira, e depois acabou. São *inúmeras* as experiências, os períodos espirituais e as crises que podem ter lugar em sua vida enquanto você peregrina rumo ao coração de Deus em Cristo.

Deus é infinito! Eis a ideia mais intrincada que pedirei que você assimile. Não se pode compreender o significado de infinito, mas não deixe que isso o incomode — tampouco eu o compreendo e estou tentando explicá-lo! "Infinito" significa tanta coisa que ninguém é capaz de apreender o conceito, mas ainda assim a razão se ajoelha e admite que Deus é infinito. Por infinito queremos dizer que Deus desconhece limites, fronteiras e fim. O que ele é, ele o é sem restrições. Tudo que Deus é, ele o é sem fronteiras ou limites.

Não se pode mensurar a infinidade

Temos de nos desfazer de todo discurso desatento nesse instante. Você e eu falamos em riqueza ilimitada, mas isso é coisa que não existe; sempre se pode contá-la. Falamos em energia irrestrita — coisa de que não me sinto possuidor no momento —, mas isso não existe; sempre se pode medir a energia de um homem. Dizemos que um artista se submete a dores infinitas com seu quadro. Mas suas dores não são infinitas; ele apenas faz o melhor que pode, ergue, então, as mãos para o céu e declara: "Ainda não é bem isso, mas serei obrigado a parar por aqui". A isso damos o nome de dores infinitas.

Trata-se, contudo, de um mau uso das palavras "irrestrito", "ilimitado" e "infinito". Esses termos descrevem Deus — não descrevem mais nada, *a não ser* Deus. Não descrevem espaço, tempo, matéria, movimento ou energia; essas palavras não se aplicam às criaturas, à areia, às estrelas ou a qualquer coisa que possa ser mensurada.

A mensuração é uma forma que as coisas criadas têm de responder por si mesmas. O peso, por exemplo, é uma maneira de respondermos por nós mesmos — via força gravitacional da Terra. Depois temos a distância — o espaço entre os corpos celestes. Temos também o tamanho — a extensão do corpo no espaço.

Sempre se pode medir as coisas. Sabemos quão grande é o Sol, quão grande é a Lua, quanto a Terra pesa, quanto pesam o Sol e outros corpos celestes. Temos uma noção aproximada de quanta água há nos oceanos. Parece-nos uma quantidade sem fim, mas sabemos quão profundos eles são e podemos medi-los, de modo que na realidade eles nada têm de ilimitados. Não existe nada ilimitado, a não ser Deus; nada infinito, exceto Deus.

Deus tem existência própria e é absoluto; tudo mais é contingente e relativo. Não existe nada muito grande, nem muito sábio, nem muito maravilhoso. Tudo é assim em termos relativos. Somente Deus desconhece qualquer graduação.

O poeta diz: "Um Deus, uma majestade. Não há Deus além de ti. Unidade que não se pode conter ou expandir". Por muito tempo, eu me perguntei por que ele disse "não se pode conter *ou expandir*", até me dar conta de que ele queria dizer que Deus não se *expande* no espaço; ele *contém* o espaço. C. S. Lewis disse que, se você conseguisse imaginar uma folha de papel que se estendesse em todas as direções até o infinito, tomasse, então, de um lápis e com ele traçasse uma linha de 2 centímetros de comprimento em cima dela, teria o tempo. O momento em que começasse a impulsionar o lápis seria o início do tempo e, quando o levantasse do papel, seria seu fim. Em toda a volta, estendendo-se em todas as direções até o infinito, está Deus. Esta é uma boa ilustração.

Se houvesse um ponto em que Deus parasse, então ele não seria perfeito. Por exemplo, se Deus soubesse quase tudo, mas não tudo de verdade, ele não seria perfeito em conhecimento. Seu entendimento não seria infinito, como está escrito em Salmos 147.5.

Consideremos tudo que há para ser conhecido — passado, presente e futuro, espiritual, psíquico e físico — em toda parte de todo o Universo. Digamos que Deus sabe tudo a esse respeito, exceto 1% do total — ele sabe 99% de tudo que há para ser conhecido. Eu ficaria constrangido de ir para o céu e olhar no rosto de um Deus que não conhecesse *tudo*. Ele precisa conhecer tudo, ou não posso adorá-lo. Não posso adorar aquilo que não é perfeito.

E o que dizer do poder? Se Deus tivesse todo o poder que existe, exceto uma pequenina porção, e, se alguma outra pessoa tivesse reservado uma pequenina porção de poder a que Deus não conseguisse ter acesso, não poderíamos adorar esse Deus. Não poderíamos dizer que ele é um Deus de poder infinito, pois não seria esse o caso; ele apenas chegaria perto disso. Mesmo que fosse mais poderoso que qualquer outro ser, talvez mais até que todos os seres do Universo somados, ainda haveria uma deficiência, por isso não poderia ser Deus. Nosso Deus é perfeito — em conhecimento e em poder.

Se Deus tivesse bondade, mas houvesse um ponto em que não fosse bom, não seria nosso Deus e Pai. Se ele tivesse amor, mas não *todo* o amor, apenas 99,9% do total — ou um percentual ainda maior —, Deus não seria Deus. Para Deus *ser* Deus, precisa ser infinito em tudo que é. Precisa não ter nenhuma restrição e nenhum limite, nenhum ponto final, nenhum ponto além do qual não consiga alcançar. Quando pensar em Deus ou em qualquer coisa acerca de Deus, você terá de pensar infinitamente sobre Deus.

Você pode passar 15 dias com dor de cabeça se tentar acompanhar o que eu disse, mas o remédio é poderoso para nos livrar desse deusinho ordinário que temos hoje. Inventado por nós, ele é bem camarada — o "Homem lá de cima", o sujeito que o ajuda a vencer jogos de beisebol. Esse deus não é o Deus de Abraão, Isaque e Jacó. Nada tem a ver com o Deus que estabeleceu os alicerces do céu e da terra; trata-se de outro deus qualquer.

Nós, norte-americanos instruídos, somos capazes de criar deuses do mesmo jeito que os pagãos. Pode-se fabricá-los de prata, madeira ou pedra — ou na imaginação. O deus que está sendo adorado em muitos lugares não passa de um deus imaginado. Não é o Deus verdadeiro. Não o Deus infinito, perfeito, onisciente, detentor de toda a sabedoria, de todo o amor, infinitamente ilimitado e perfeito. Ele é menor que isso. O cristianismo está em decadência e indo para o esgoto porque o deus de sua expressão moderna não é o Deus da Bíblia. Não quero com isso dizer que não oramos a Deus; estou dizendo que oramos a um deus menor do que ele deveria ser. Precisamos pensar em Deus como aquele que é perfeito.

Deus se agrada de si mesmo

Minha próxima afirmação pode lhe causar um pequeno choque: Deus se agrada de si mesmo e exulta em sua própria perfeição. Oro e medito sobre o assunto, sondo e leio a Palavra há tempo demais para algum dia voltar atrás no que estou dizendo. Deus se agrada de si mesmo e exulta em sua própria perfeição. A Trindade divina tem satisfação em si mesma! Deus se deleita em suas obras.

Quando ele criou o céu, a terra e todas as coisas que estão sobre ela, repetiu sempre: "Ficou bom" (v. Gênesis 1.4,10,12,18,21,25). Então, ao criar o homem à sua própria imagem, olhou e declarou: "Ficou muito bom" (cf. v. 31). Deus se alegrou com tudo o que criou. Ficou contente com o que fizera.

A redenção não é uma obra pesada para Deus. Ele não se viu em apuros, nem precisou sair correndo para algum lugar, nem tentou esboçar uma "política externa" com os arcanjos. Deus fez o que fez com alegria. Criou o céu e a terra com alegria. Por isso, as flores se voltam para o alto e sorriem, os pássaros cantam e os rios descem em cascata para o mar. Deus executou a criação e amou o que fez!

Ele se agradou de si mesmo, de sua própria perfeição e da perfeição de seu trabalho. Por falar em redenção, repito que ela não foi uma tarefa pesada imposta a Deus por alguma necessidade moral. Deus desejava levá-la a cabo. Não havia necessidade moral alguma de Deus redimir a humanidade. Ele não precisava enviar seu Filho, Jesus Cristo, para morrer pela espécie humana. Enviou-o, sim, mas, ao mesmo tempo, a atitude de Jesus foi voluntária. Se Deus estava disposto a isso, era uma disposição feliz da parte de Deus.

Mãe nenhuma precisa se levantar e alimentar seu bebê às 2 horas da manhã. Não existe lei que a obrigue a isso. A legislação poderia constrangê-la a tomar certos cuidados com o pirralho, mas ela não tem de lhe dedicar o cuidado amoroso com que o trata. Faz isso porque quer. Eu costumava agir assim com nossos meninos e gostava. Pai e mãe agem como agem porque amam fazê-lo.

O mesmo acontece com esse Deus impressionante, eterno, invisível, infinito, sábio e onisciente, o Deus dos nossos pais, o Deus e Pai do nosso Senhor Jesus Cristo e a quem chamamos de "Pai nosso, que estás nos céus". Nada restringe o Deus infinito; ele não pode ser pesado ou mensurado; não se pode aplicar distância, tempo ou espaço a quem os criou e os contém no coração. Embora se eleve acima de tudo isso, ao mesmo tempo esse Deus é amigo, afável e se agrada de si mesmo. O Pai se agrada no Filho: "[...] 'Este é o meu Filho amado, de quem me agrado'" (Mateus 3.17) O Filho se deleitava no Pai: "[...] 'Eu te louvo, Pai, Senhor dos céus e da terra [...]'" (11.25). Com certeza, o Espírito Santo se deleita no Pai e no Filho.

A encarnação não foi algo que Jesus realizou de dentes cerrados e dizendo: "Odeio ter de fazer isso — queria poder cair fora dessa". Um autor querido de hinos antigos escreveu: "Ele não abominou o ventre da virgem". Esse autor meditou bastante a respeito e, então, disse: "Espere um pouco. Trata-se do ventre da criatura? Como o Deus imortal, eterno, infinito, a quem o espaço não é capaz de conter, pode se confinar no interior de uma de suas criaturas? Não seria uma humilhação?". Então, ele sorriu e completou: "Não, ele não abominou o ventre da virgem". Assim compôs o hino que cantamos há séculos. A encarnação da carne imortal de Jesus não foi um peso. A segunda pessoa da Trindade, o Filho eterno, a Palavra eterna, se fez carne — com alegria! Quando os anjos cantaram a encarnação, eles o fizeram com alegria.

Deus se agrada de sua obra

Ele também se deleita na salvação. Observe em Lucas 15.5 que, quando Jesus Cristo salva um homem, carrega-o sobre os ombros. Qual é o advérbio presente no versículo? *Alegremente!* Deus não apenas se agrada de si mesmo, mas se deleita com a própria perfeição e fica feliz com sua obra de criação e redenção, como também se enche de entusiasmo. Há entusiasmo na Divindade e também na criação.

Se não houvesse entusiasmo na criação, em pouco tempo ela se desmantelaria. Tudo é constituído de átomos, prótons, nêutrons e elétrons, coisas que não se podem imobilizar — nem por um instante! Elas disparam em todas as direções em tremenda velocidade, e os corpos celestiais se movimentam de igual modo.

Os antigos gregos chamavam o movimento dos corpos celestes pelo espaço de "a música das esferas". Não acho que tenham cometido grande erro, absolutamente. Acredito que Deus cantava quando criou as coisas. O deslocamento e a velocidade dos corpos celestes, a ação de criaturas pequeninas na terra para deixar o terreno macio, a ação do sol sobre a terra — tudo isso é Deus operando com alegria em sua criação.

O entusiasmo pode ser visto na criação; pode ser visto na luz. Você já parou para pensar como seria se não houvesse luz? Se Deus todo-poderoso estendesse um saco de chumbo ao redor de todos os corpos celestes e, de repente, bloqueasse toda a luz que existe, eu não gostaria de estar vivo. Preferiria apagar feito uma lâmpada e pedir a Deus que por favor me reduzisse a nada — e olhe que eu não acredito em ser reduzido a nada. Imagine: sem luz, sem velocidade, sem cor nem som!

Algumas pessoas têm medo da cor. Pensam que espiritualidade consiste em ser pálido. Mas Deus fez a cor! Criou todos os matizes das cores. Veja o pôr do sol — o que ele é, apenas um acontecimento científico? Você acredita que Deus salpicou o céu lindo e encantador de rosa, magenta, azul e branco sem sorrir ao fazê-lo? Tudo não passa de um acidente da natureza, elucidado pela ciência? Se é assim, todo o ensino a que você se submeteu não lhe tem feito grande bem! Esvazie a cabeça e encha o coração, então se sentirá melhor. O Espírito Santo escreveu 150 salmos em que celebra as maravilhas da criação divina.

No estado da Pensilvânia em que nasci, bandidos ávidos por dinheiro adquiriram os direitos sobre o carvão de certas regiões. Fui criado vendo e amando as belas colinas existentes por ali, afagadas pelo sol, às vezes de um azul sobrenatural no pôr do sol. Riachos corriam para os rios e até o mar. Era tudo muito lindo.

No entanto, anos mais tarde retornei ao lugar de onde vim e descobri que esses sujeitos famintos por dinheiro não cavavam um buraco para extrair o carvão; em vez disso, usaram escavadeiras para arrancar a parte de cima do terreno — incluindo árvores, vegetação rasteira, tudo — para assim alcançarem o carvão. O resultado foi que milhares e milhares de hectares — montes inteiros que antes subiam verdes de encontro ao azul do céu — foram feridos por uma vasta cova aberta. O estado da Pensilvânia ameaçou: "Vocês terão de fechá-la, ou os multaremos em 300 dólares". O pessoal da mineradora se entreolhou, abriu um sorriso largo e pagou os 300 dólares. Deixaram tudo como estava. Fui embora dali angustiado de ver minhas belas colinas convertidas em fossos horríveis de areia.

Voltei ao local poucos anos depois, e sabe o que a natureza fizera? A boa e velha mãe natureza, sempre ocupada, entusiástica, divertida e alegre começou a estender um véu verde sobre o talho horroroso. Hoje, se você for lá, verá que ele se curou. Tem dedo do Deus todo-poderoso nisso! Precisamos parar de pensar como cientistas e pensar como salmistas.

O Deus infinito se diverte. Alguém está passando bons momentos no céu, na terra, no mar e no ar. Alguém está colorindo o céu. Fazendo árvores crescerem onde só havia grandes sulcos um ano antes. Fazendo o gelo derreter no rio, o peixe nadar, as aves cantarem, botarem seus ovos azuis, construírem seus ninhos e gerarem filhotes. Alguém está governando o Universo.

Cantando de alegria

Acredito saber quem é esse alguém. Acredito que seja o Pai eterno, "poderoso para salvar, cujo poder governa a onda inquieta". Acredito que seja a Trindade, nosso Pai que está no céu, e Jesus Cristo, seu único Filho, nosso Senhor. Deus se diverte com o papel que desempenha. Assim, não pensemos mais nele como um Deus de cara amarrada e sombrio. Repito, quando Deus fez o céu e a terra, estes cantaram em uníssono, e todos os seus filhos bradaram de alegria. Na criação do mundo, não houve um funeral, mas um hino de celebração. Toda a criação cantou.

Cantaram também na encarnação. Algumas pessoas instalam uma mortalha pegajosa e sem cor sobre os lábios felizes e afirmam: "Os anjos não *entoaram* 'paz na terra aos homens aos quais ele concede o seu favor'. De acordo com o grego, eles *disseram*: 'paz na terra aos homens aos quais ele concede o seu favor'". Mas não se pode ler sobre esse acontecimento sem que algo comece a se agitar em seu interior. Há uma cadência, uma música em seu coração: "Paz na terra aos homens aos quais ele concede o seu favor", disseram. Na encarnação, houve cânticos a soar.

Depois, na ressurreição, também houve cânticos. "Eu te louvarei, ó Senhor, entre as nações [...]" (Salmos 57.9), disse Jesus nesse salmo. A Bíblia não nos conta no Novo Testamento que Jesus cantou quando ressuscitou dentre os mortos. Contudo, o Antigo Testamento prenuncia que uma das primeiras coisas que Jesus faria era cantar, e uma das últimas coisas que ele fez antes de partir para a morte foi entoar um hino em companhia de seus irmãos. Como eu adoraria ter ouvido esse hino!

Você já parou para pensar no arrebatamento? Será algo que nunca houve. Pode acontecer de você estar andando pela rua e ouvir o som da trombeta — e de repente ser transformado! Não saberá o que fazer ou como agir. As pessoas enterradas em seus respectivos túmulos, que farão? Já sei — cantarão! Haverá cânticos na consumação dos tempos, naquele grande dia!

"[...] 'Tu és digno de receber o livro e de abrir os seus selos, pois foste morto e com teu sangue compraste para Deus gente de toda tribo, língua, povo e nação'" (Apocalipse 5.9) — eis o tema da nova canção. Não "Eu sou", mas, sim, "o Senhor é". Note bem a diferença! Observando o antigo hinário de Wesley, Montgomery e Watts, vemos que era sempre "Tu és, ó Deus, tu és". Contudo, olhando para os hinos modernos, só encontramos "Eu sou, eu sou, eu sou". Chega a me embrulhar o estômago. De vez em quando, um bom hino com testemunhos cai bem, mas nos excedemos. O cântico do redimido será "Tu és digno, ó Deus".

> E eles cantavam um cântico novo: "Tu és digno de receber o livro e de abrir os seus selos, pois foste morto e com teu sangue compraste para Deus gente de toda tribo, língua, povo e nação. Tu os constituíste reino e sacerdotes para o nosso Deus, e eles reinarão sobre a terra". Então olhei e ouvi a voz de muitos anjos, milhares de milhares e milhões de milhões. [...] (Apocalipse 5.9-11)

Se você conseguir pôr em um quadro-negro quanto dá isso, pago-lhe o jantar. Não é estranho que os homens abriguem tamanha trave na cabeça que, em vez de se alegrarem com isso, tentem solenemente descobrir quem são esses diáconos, e anciãos, e seres viventes, e criaturas? Escrevem livros a respeito dessas personagens e sua aparência. Não é curioso? Até que ponto um estudioso consegue ser ridículo? Não sei nada sobre as criaturas citadas aqui. Procure-me cinco minutos depois do arrebatamento e conversaremos. Agora, porém, tenho de aceitar tudo apenas pela fé. "Tu os constituíste reino e sacerdotes", disse João. Todas as criaturas disseram: "Digno é o Cordeiro [...]" (v. 5.12), mas não: "Olhe para mim. Sou maravilhoso; estou feliz, feliz, feliz". Nada disso — o Cordeiro, digno é o Cordeiro.

Isso é a consumação. A Divindade infinita nos convida a que partilhemos de toda a intimidade da Trindade, e a porta de entrada é Cristo.

A Lua e a Terra giram de tal forma que só enxergamos um lado da Lua, nunca o outro. O Deus eterno é tão imenso, tão infinito, que não posso esperar saber tudo sobre Deus e tudo que existe a respeito de Deus. Deus, porém, tem um lado voltado para o homem, como a Lua tem um lado voltado para a Terra. Do mesmo modo que a Lua sempre mantém sua risonha face amarela virada para a Terra, assim Deus tem um lado que sempre mantém virado para o homem, e esse lado é Jesus Cristo. A face de Deus virada para o homem se chama Jesus Cristo. O lado da Terra voltado para Deus, Jesus, é a maneira pela qual Deus nos vê. Ele sempre olha aqui para baixo e nos vê em Cristo. Retornemos, então, à citação de Juliana: "Onde Jesus se faz presente infere-se a Trindade bendita".

Você está satisfeito com o cristianismo nominal? Em caso afirmativo, nada tenho a oferecer. Sente-se satisfeito com o cristianismo popular que opera em cima da autoridade e da popularidade de figurões? Em caso afirmativo, nada tenho a oferecer. Está satisfeito com o cristianismo elementar? Em caso afirmativo, tudo que tenho para você é exortação sincera para que persevere no sentido da perfeição. Contudo, se você não está satisfeito com o cristianismo nominal, com o cristianismo popular e com o princípio das coisas e deseja conhecer o Deus trino em pessoa, siga lendo.

CAPÍTULO 2

A incomensurabilidade de Deus

> *"Pois quem quiser salvar a sua vida, a perderá, mas quem perder a sua vida por minha causa, a encontrará. Pois, que adiantará ao homem ganhar o mundo inteiro e perder a sua alma? [...]".* (Mateus 16.25,26)
>
> *[...] e agora a sua vida está escondida com Cristo em Deus.* (Colossenses 3.3)
>
> *Mais do que isso, considero tudo como perda, comparado com a suprema grandeza do conhecimento de Cristo Jesus, meu Senhor, por quem perdi todas as coisas. Eu as considero como esterco para poder ganhar Cristo.* (Filipenses 3.8)
>
> *Pai, não somos dignos de ter esses pensamentos, nem nossos amigos são dignos de ouvi-los expressos. Contudo, tentaremos ouvir e proferir com dignidade. Sabemos que contemplamos o que é mau, ouvimos palavras más e percorremos caminhos maus. Todavia, confiamos agora que isso ficou para trás, e nossos olhos estão postos em ti. Revela-te a nós, ó Deus! Pastor, doce Prodígio, Jesus, nós te pedimos que esta noite possamos outra vez ter uma visão do Deus trino por intermédio de Jesus Cristo, nosso Senhor. Amém.*

São dois os tipos de fé: nominal e real. Nominal é a fé que aceita o que se diz e consegue citar um texto atrás do outro para prová-lo. Impressiona como a fé e a crença nominais são capazes de tecer esses textos em vestes, capas e cortinas para a Igreja.

Existe, porém, outro tipo de fé: a que depende do caráter divino. Você há de se lembrar das Escrituras, que não ensinam:

"Abraão creu *no texto*, e isso lhe foi creditado como justiça". Elas dizem: "[...] 'Abraão creu *em Deus* [...]'" (Romanos 4.3, grifo nosso). O que contava não era *em que* Abraão acreditava, mas em *quem*. Abraão creu em Deus, e o homem de fé crê em Deus, em cujo caráter repousa sua fé. O homem que tem fé real, em vez de nominal, encontrou resposta para a pergunta: "Como é Deus?". Não existe pergunta mais importante. O homem de fé verdadeira encontrou resposta para essa pergunta por revelação e iluminação.

A dificuldade da Igreja hoje — até mesmo da Igreja que crê na Bíblia — é que paramos na revelação. Acontece que esta não basta. Revelação é a Palavra outorgada por Deus. Algo objetivo, não subjetivo; exterior, não interior. É a revelação da verdade divina. O homem pode crer nisso, e crer com convicção, e entender ser ela a verdade. Mesmo assim, terá apenas uma revelação objetiva da verdade objetivamente revelada.

Iluminação

Há outro modo de encontrar resposta para a pergunta "Como é Deus?": pela iluminação. O homem de fé real crê na Palavra, mas ela tem sido iluminada, de modo que ele sabe o que a Palavra significa. Isso não quer dizer que ele seja melhor professor da Bíblia, mas, sim, que dispõe do que os quacres chamam de "uma abertura". Seu coração se abriu para a Palavra. A revelação concedida é um meio para um fim, sendo Deus o fim, não o texto em si.

Por isso, nunca brigo por causa de tradução nem me irrito com esse tipo de coisa. O texto é um meio para um fim. Ora, como há dinheiro bastante e as imprensas imprimem qualquer coisa, cometemos o equívoco de pensar que, se a Palavra for expressa de maneira diferente, sofrerá um efeito mágico qualquer. Acreditamos que, se ela for lida na versão *Almeida Revista e Corrigida*, tudo bem, mas, se obtivermos uma nova versão, em que haja alguma variação, automaticamente recebemos algo novo. Uma coisa não tem de ser consequência da outra!

O que importa é a iluminação, e a Palavra de Deus é um meio para um fim, tal como as estradas são meios para determinados destinos. A estrada nada é em si mesma. Nunca ninguém construiu uma estrada, cercou-a dos dois lados e fincou canteiros de flores em toda a sua extensão a fim de embelezá-la para, então, anunciar: "Isso é uma estrada". Ou: "Isso é um caminho, um meio de se chegar a algum lugar". A Bíblia é um conjunto completo de rodovias, todas cujo destino é Deus. Quando o texto é iluminado e aquele que nele crê sabe que Deus é o fim em direção ao qual se movimenta, tal homem tem fé real.

O tamanho das coisas

Com frequência falo de um livrinho intitulado *Revelações do amor divino*, escrito há 600 anos por uma mulher de nome Juliana. Um dia, quando orava, ela teve uma pequena experiência que passo a descrever. Ela disse: "Vi um objeto bem pequeno, do tamanho de uma avelã". Na minha infância, havia avelãs na fazenda. Tanto quanto as conhecíamos, elas tinham mais ou menos o tamanho de uma bola de gude grande, não passava disso. Juliana escreveu que viu esse objeto pequenino e perguntou: "O que pode ser?". Algo em seu coração respondeu: "Isso é tudo que está feito; tudo que está feito". O objeto do tamanho de uma pequena avelã representava tudo que está feito. Eu convido você a pensar comigo: "Isso é tudo que está feito".

Pascal, grande filósofo e matemático místico francês, disse o seguinte: "Estamos a meio caminho entre o incomensurável e o infinitésimo". De acordo com ele, podem-se encontrar mundos além dos existentes no espaço. Nosso sistema solar gira em torno de outro sistema solar, e assim por diante, em vastidão infinita. Então, afirmou Pascal, caso você se volte para o outro lado, encontrará pequenos mundos dentro de pequenos mundos, e assim sucessivamente — a molécula, o átomo, o elétron e o próton, até a pequenez infinitesimal. Ele acreditava que o homem, feito à imagem de Deus, está no meio do caminho exato entre a grandeza infinita e o infinitésimo. Não há como prová-lo, mas esse é um lugar assustador onde estar, grande e pequeno como metade do Universo.

Achamos o Sol grande demais com seus planetas girando ao redor. Estudando astronomia, no entanto — mesmo em nível elementar —, você aprenderá que existem sóis tão grandes a ponto de cada um deles ser capaz de absorver o nosso Sol, todos os seus planetas e todos os satélites que orbitam esses planetas. Dizem que existem sóis tão grandes que se poderiam colocar milhões do nosso Sol dentro deles. Desisto. Não quero nem tentar entender.

Há também o espaço. Não penso que ele seja uma coisa; imagino-o como um modo que temos de justificar diferentes posições no vasto Universo. Damos a isso o nome de distância. Sabemos que ninguém a mede. Em se tratando da Lua, falam em 384 mil quilômetros; ou, se a questão é o Sol, dizem 149 milhões de quilômetros. Depois disso, no entanto, começam a falar em anos-luz. Sustentam que existem corpos a milhões de anos-luz de distância — suponhamos 10 milhões, só para começar. Portanto, se você quiser saber a que distância está da Terra a matéria a que me refiro, precisa multiplicar 5.862.494.000.000 por 10 milhões. Isso não deixa você atordoado? Em mim dá dor de cabeça! Comparados com isso, você e eu somos terrivelmente pequenos.

Bem, não somos a menor coisa que existe, pois somos sempre passíveis de ser dissolvidos e derretidos até que se chegue às moléculas, átomos e partículas de matéria ou energia sem corpo a que damos diversos nomes manufaturados. Você descobrirá que, de acordo com Pascal, somos tão grandes quanto a metade do Universo.

A imanência de Deus

Além disso tudo, há Deus. Ele conta com os atributos da imanência e da imensidão. É imanente, significando que você não precisa percorrer distância alguma para encontrá-lo. Deus está em tudo. Ele está bem aqui.

Deus está acima de todas as coisas, por baixo de todas as coisas, fora de todas as coisas e dentro de todas elas. Está acima, mas não porque o empurraram para lá. Está por baixo, mas não pressionado. Fora, mas não excluído. Dentro, mas não confinado. Deus está acima de todas as coisas como quem preside, por baixo para sustentar, fora para abraçar e dentro para preencher. Esta é a imanência divina.

Deus não se locomove para chegar a parte alguma. Podemos clamar em oração: "Ó Deus, vem nos ajudar", referindo-nos a um sentido psicológico. Na verdade, porém, Deus não precisa "vir" nos ajudar porque *não existe lugar em que ele não esteja*.

> Se eu subir com as asas da alvorada
> e morar na extremidade do mar,

> mesmo ali a tua mão direita me guiará
> e me susterá. [...]
> Se eu subir aos céus, lá estás;
> se eu fizer a minha cama na sepultura,
> também lá estás. (Salmos 139.9,10,8)

Portanto, é impossível pensar em um lugar em que Deus não esteja.

A imensidão de Deus

As Escrituras também ensinam sobre a imensidão de Deus. Elas dizem em Isaías: "Quem mediu as águas na concha da mão, ou com o palmo definiu os limites dos céus? Quem jamais calculou o peso da terra, ou pesou os montes na balança e as colinas nos seus pratos?" (40.12).

Imagine percorrer milhões de anos-luz no espaço e encontrar uma massa tão grande que fosse possível inserir nosso sistema solar inteiro dentro dela. Como uma pá de carvão lançada à caldeira, ela tragaria nosso sistema solar e seguiria em frente. Depois de pensar bem nesse assunto, lembre-se de que Deus encerra tudo isso. Lembre-se de que Deus está do lado de fora de todas as coisas, dentro de todas as coisas e ao redor de todas elas. Lembre-se de que nosso Deus as fez. Tal é sua imensidão.

O Espírito Santo é maior que todo o Universo, a pequena avelã contemplada por Juliana. "Na verdade as nações são como a gota que sobra do balde [...]" (Isaías 40.15). Você conhece a incrível dificuldade para apavorar um cristão. É difícil fazer entrar em pânico quem de fato crê em Deus. Se a pessoa for apenas membro de uma igreja, você consegue amedrontá-la, mas, se ela crer de verdade em Deus, isso é muito difícil.

Como é muito difícil para um falastrão como Nikita Khrushchev (líder da antiga União Soviética nas décadas de 1950 e 1960) assustar alguém que realmente crê em Deus. Khrushchev começa a se parecer mais e mais com Adolf Hitler quando fala — e onde está Hitler? O mesmo Deus que o eliminou pode acabar fazendo a mesma coisa com Khrushchev um dia desses. "Na verdade as nações são como a gota que sobra do balde; para ele são como o pó que resta na balança; para ele as ilhas não passam de um grão de areia" (v. 15) — tão pequenas que ele, o Senhor, nem as percebe. "Diante dele todas as nações são como nada; para ele são sem valor e menos que nada" (v. 17).

O velho dr. Neighbor costumava dizer que, no hebraico, o termo traduzido por "menos que nada" significava "uma bolha de sabão" — algo que flutua pelo ar em uma película de espessura ínfima. Basta tocá-la para que desapareça; ninguém conseguirá encontrá-la outra vez. Este é o sentido: todas as nações do mundo são para Deus como uma bolha de sabão.

> Ele se assenta no seu trono,
>   acima da cúpula da terra,
>   cujos habitantes são pequenos como gafanhotos.
> Ele estende os céus como um forro
>   e os arma como uma tenda para neles habitar. [...]
> "Com quem vocês vão me comparar?
>   Quem se assemelha a mim?", pergunta o Santo.
> Ergam os olhos e olhem para as alturas.
>   Quem criou tudo isso?
> Aquele que põe em marcha
>   cada estrela do seu exército celestial,
> e a todas chama pelo nome.
> Tão grande é o seu poder
>   e tão imensa a sua força,
> que nenhuma delas deixa de comparecer! (Isaías 40.22,25,26)

Ora, essa passagem deve ser o voo da imaginação mais ousado que a mente humana já empreendeu. Temos aqui em Isaías algo mais vasto e mais espetacular que qualquer outra coisa que tenha saído da mente de Shakespeare. É o pensamento do grande Deus, o grande Pastor do mundo inteiro, atravessando o Universo com seus bilhões e trilhões de anos-luz, com seus mundos tão grandes que uma comparação deixaria nosso sistema solar inteiro com aspecto de grão de areia. Deus vai além e conclama esses milhões de mundos como seu rebanho, chama-os pelo nome e os conduz pelo vasto céu.

Eu diria que esse é o pensamento mais elevado que conheço, na Bíblia ou fora dela. Deus faz tudo isso porque "tão grande é o seu poder e tão imensa a sua força, que nenhuma delas deixa de comparecer" (Isaías 40.26). Como o pastor guarda todo o seu rebanho sem que nenhuma ovelha se perca, assim Deus guarda todo o seu Universo. Os homens apontam suas pequenas lunetas para as estrelas e falam cheios de erudição, mas não fazem mais que contar as ovelhas do Senhor. Deus governa o seu Universo.

Lemos, então, em Salmos:

> Bendiga o SENHOR a minha alma!
> Ó SENHOR, meu Deus, tu és tão grandioso!
> Estás vestido de majestade e esplendor!
> Envolto em luz como numa veste,
>   ele estende os céus como uma tenda,
> e põe sobre as águas dos céus
>   as vigas dos seus aposentos.
> Faz das nuvens a sua carruagem
>   e cavalga nas asas do vento (104.1-3).

Temos aqui a grandiosidade, a imensidão, a iminência de Deus, em contraste com a vastidão e a pequenez do mundo. Pois, como disse Juliana: "Contemplei toda essa vastidão reduzida e vi quão grande ela na verdade era, comparada com Deus todo-poderoso. Era do tamanho de uma avelã". Então, ela acrescentou: "Maravilhei-me com um fato" — o que eu também pensei —, "maravilhei-me com o que poderia manter a coesão de tudo isso".

Deus sustenta o que ama

Você já se perguntou o que mantém a coesão das coisas? Por que elas não degringolam? Eu já! Sempre tento imaginar como as coisas não se soltam feito uma costura a se desfazer. "Maravilhava-me", disse Juliana, "como o Universo conseguia perdurar". Considerando o envolvimento da distância na questão, a matéria e sua dependência da palavra divina, e que a vida é um raio proveniente do coração de Deus, não resta muita coisa com que nos preocuparmos! Juliana, porém, questionou: "Como tudo isso pode resistir, como tudo se mantém coeso?". Em seguida, disse: "Ocorreu-me então. Vi que todas as coisas encontram existência no amor divino, e que Deus as fez, ama e sustenta".

Por isso, você não se desintegra — porque Deus o fez, ama e sustenta. O que Deus fez, ele ama, pois é inconcebível que ele fizesse qualquer coisa que não amasse.

Pouco tempo atrás, um colega trouxe um quadro em que vinha trabalhando havia algum tempo. Mostrou-me querendo saber se eu gostava. Era inconcebível que ele não gostasse do próprio quadro. Também gostei, mas meu colega só o mostrou a mim porque *ele* gostava de sua obra.

Gostamos daquilo que fazemos. Deus ama o que fez. Porque o fez, ele o ama e, porque o ama, o sustenta.

Ninguém perde o que ama se puder evitá-lo. A mãe pode perder o bebê para a morte, mas não o fará se puder evitar. Um homem pode perder sua propriedade, carro ou emprego, mas não o fará se puder evitá-lo. Portanto, o Deus todo-poderoso está em posição de nunca perder nada porque é capaz de não a perder. Ele sustenta o que ama porque o ama, e o ama porque o criou — ou o criou pelo fato de amá-lo? Não sei.

Ouvi o sermão de um pároco episcopal sobre a imortalidade. Ele apresentou um dos melhores argumentos que já ouvi a favor da imortalidade. "A Bíblia afirma que Abraão era amigo de Deus", comentou. "Ora, como poderia um homem abrir mão de seus amigos? Se alguém é seu amigo, você não o perderia se pudesse evitar que tal coisa acontecesse. E, se ele morresse, você o traria de volta se pudesse. Preservaria seu amigo, se ele fosse seu amigo. Bem, o Deus todo-poderoso é capaz de preservar a quem tem como amigo. Por isso, sabemos que Abraão ressuscitará dentre os mortos, por ser amigo de Deus, e porque Deus não permitirá que seu amigo seja enterrado e apodreça para todo o sempre. Ele o trará de volta do túmulo. Por isso, creio na imortalidade. Acredito que Deus nos fez, ama o que fez e sustenta o que ama."

Assim, todas as coisas têm existência em Deus. Quero que você pense em Deus, o Criador — o Pai todo-poderoso, Criador dos céus e da terra. Quero que pense no Deus que ama — " 'Porque Deus tanto amou o mundo que deu o seu Filho Unigênito [...]'" (João 3.16). Quero que pense em Deus o Sustentador, caso você seja cristão de verdade. Do contrário, se você não nasceu de novo nem foi lavado no sangue do

Cordeiro, o que digo agora não se aplica a você, nem adianta nada eu tentar fazer que se aplique. No entanto, se você for um cristão verdadeiro, isso tem tudo a ver com você.

Por que não somos felizes?

Ao meditar no assunto, Juliana de Norwich disse: "Se tudo isso é verdade, por que não gozamos todos de grande sossego de coração e de alma? Por que os cristãos não são as pessoas mais felizes e serenas de todo o vasto mundo?". Em seguida, ela respondeu à própria pergunta: "Porque buscamos nosso descanso em coisas muito pequenas. A avelã em que está condensado tudo que existe — tentamos encontrar nosso prazer nessas coisinhas".

O que o deixa feliz? O que o alegra e estimula seu estado de ânimo? É seu emprego? O fato de ter roupas boas? De ter feito um bom casamento ou de ocupar excelente posição? Afinal, o que lhe dá alegria?

Esse é o nosso problema. Sabemos que Deus é tão grande que, comparado a ele, tudo fica do tamanho de uma avelã. No entanto, não somos um povo feliz porque temos a cabeça voltada para coisas. Multiplicamos coisas, aumentamos coisas e aperfeiçoamos coisas. Embelezamos coisas e depositamos nossa confiança em coisas *e* em Deus. Temos nosso emprego e Deus; temos nosso marido e Deus; temos nosso corpo forte e Deus; temos nosso emprego bom e Deus; temos nossa casa e Deus. Temos nossa ambição de futuro e Deus, de modo que pomos Deus como um sinal de adição depois de qualquer outra coisa.

Todas as grandes almas do mundo, de Davi e Paulo a Santo Agostinho e todos os outros até o momento presente — todo escritor responsável que algum dia recebeu iluminação das

Escrituras pelo Espírito Santo disse a mesma coisa. Fosse ele proveniente de uma ou de outra escola do pensamento cristão, desde que ortodoxo e espiritual, é certo que tenha dito a mesma coisa: nosso problema está em depositarmos confiança em coisas, não em Deus. Disse Juliana: "Deus me mostrou que todas as coisas têm apenas o tamanho de uma avelã. Sendo assim, por que eu haveria de depositar minha confiança em coisas tão pequenas que Deus precisa manter coesas? Por que eu haveria de confiar nelas?".

Multiplicamos, aumentamos e continuamos ansiosos e insatisfeitos. Por quê? Porque tudo que está abaixo de Deus não nos satisfará. Ele fez você à imagem dele, e não tem como você fugir dessa condição. Deus não fez o chimpanzé à própria imagem. Não fez o cavalo, aquela sinfonia em movimento, à própria imagem. Tampouco fez o lindo pássaro que os poetas dizem ter "um canto triste [...] sua nota noturna" à própria imagem. Deus o fez belo, mas não à própria imagem.

Deus só fez você à imagem dele, e você não tem como fugir dessa condição, pecador e cristão que é. Você foi feito à imagem de Deus, e nada menos que Deus o satisfará. Mesmo se por acaso você for desses cristãos que acreditam na sequência mecânica das coisas, tipo "salvação, livramento do inferno, passagem para o céu" (com uma visão muito pobre, digna de quem está no jardim da infância da vida eterna), lembre-se de uma coisa: ao longo dos anos, você descobrirá que não se satisfaz com "coisas + Deus". Precisará ficar com Deus menos todas as outras coisas.

Talvez você me pergunte: "*Você* não tem coisas?". Claro que tenho. Deus sabe que não são muitas, apenas um monte de livros. Tenho esposa, alguns filhos, netos e amigos — tenho tudo isso.

Contudo, assim que depositar minhas esperanças e consolo em coisas e pessoas, perderei algo do meu coração. Não resiste à ousadia de ser coisas e Deus, de ser gente e Deus: há que ser Deus e mais nada. Então, o que quer que ele nos dê, podemos segurar à distância de um braço e apreciar por causa de Jesus. E amar o que nos dá por causa dele, *mas não que sua dádiva nos seja necessária para nossa felicidade*. Se existe algo necessário para sua felicidade eterna além de Deus, você ainda não é o tipo de cristão que deve ser. Pois só Deus é o verdadeiro descanso.

Deus tem grande prazer em ver uma alma desamparada se achegar a ele simples, aberta e intimamente. Ele se agrada quando nos aproximamos. Esse tipo de cristianismo não atrai grandes multidões. Só atrai aqueles que têm o coração firmado em Deus, que o desejam mais que qualquer outra coisa no mundo. Essas pessoas almejam a experiência espiritual que vem de conhecer Deus pelo que ele é. Poderiam ter qualquer coisa arrancada de sua vida e ainda teriam Deus.

Gente assim não é numerosa em lugar nenhum. Esse tipo de cristianismo não atrai largas multidões, mas é provável que atraia os famintos, os sedentos e alguns dos melhores. Assim, Deus tem enorme prazer em ver os desamparados se achegando a ele, simples, aberta e intimamente. Ele quer que nos aproximemos sem toda a pesada sobrecarga da teologia. Que o busquemos de modo simples e sincero, como uma criancinha. Se o Espírito Santo o tocar, você se achegará dessa maneira.

O entusiasmo divino

Como eu disse no capítulo anterior, Deus é um enorme entusiasta. Fico contente que alguém o seja porque não encontro muitos cristãos com essa característica. Se são, não se entusiasmam muito com o que importa. Se vão ao cinema, podem ficar muito bravos com o filme. Se fazem um cruzeiro ao luar, ficam exaltados com a experiência. Mas, se apenas lhes disserem: "Venham, venham, contemplem Deus!", você não verá reações muito entusiasmadas.

Deus é entusiasmado. Ele é entusiasmado consigo mesmo nas pessoas da Trindade. As pessoas na Trindade experimentam infinito deleite umas nas outras. O Pai tem infinito deleite no Filho, e o Filho, nas outras duas pessoas da Trindade. Delicia-se com toda a sua criação e em especial com os homens feitos à sua imagem. A descrença chega e estende uma nuvem sobre nós, impedindo a passagem da luz de Deus; por isso, não cremos que Deus se delicia, que se deleita infinitamente em nós.

E aqui está uma pequena oração feita por Juliana:

> Ó Deus, por tua bondade, dá-me de ti mesmo, pois tu me bastas, e nada posso pedir que seja menos que isso e encontrar plena honra para ti. Dá-me de ti mesmo!

Imaginamos que avivamento é todo mundo correndo para todo lado, passando um por cima do outro e dizendo: "Perdoe-me por meu mau conceito a seu respeito. Perdoe-me por aqueles centavos que me esqueci de restituir". Ou dizemos que o avivamento consiste em pessoas falando muito alto e fazendo muito barulho. Bem, isso pode mesmo acontecer, mas o único tipo de avivamento em que os mundos se incendeiam é aquele que começa dizendo: "Ó Deus, dá-me de ti mesmo! Porque nada menos que tu bastará".

Fome de Deus

"Nada menos que Deus", afirmou Juliana, "não quero mais nada". Gosto dessa pequena expressão. Em linguagem moderna, significa dizer: "Não me bastará". Na verdade, Juliana declarou: "Ó Deus, se tenho toda essa avelã — tudo, do próton ao corpo celeste mais remoto, subindo e descendo a escala de tudo que é belo na terra, os diamantes das minas, a madeira da floresta, o encantamento da paisagem e as riquezas da cidade — se tenho tudo isso e não tenho o Senhor, *não quero mais nada*". Não me bastará.

O problema do mundo hoje é que todos dizem "não quero mais nada" e não sabem. Existe um pequeno santuário em seu interior, um santuário tão escondido que ninguém o conhece, a não ser você. Há uma porção sua muito íntima, um santuário bem lá no fundo, "um jardim no Éden, para os lados do leste" (Gênesis 2.8). Ele fica nessa sua grande alma — essa alma que é maior que o Universo estrelado. Dentro dela existe um santuário, um jardim e um trono. E, haja o que houver, você ouvirá um brado desse altar: *"Não quero mais nada. Ó Deus, ainda tenho fome, ainda tenho fome!"*.

Quem comete suicídio? Não o pobre — o rico. Não o sujeito simples e desconhecido da rua — mas, sim, os atores do cinema, os políticos e pessoas bastante conhecidas. Como diz a canção: "Tira-me o mundo, mas dá-me Jesus". Podemos ter o mundo inteiro e não ter Jesus, e haverá um brado do fundo do nosso ser: "Não quero mais nada".

Eis a grande calamidade para a alma humana: ser feita à imagem de Deus, com um espírito grandioso capaz de conter o Universo e, no entanto, clamar por mais. Imagine uma alma maior que os céus e o céu dos céus, mas ainda assim vazia de Deus. Imagine passar a eternidade clamando: "Não quero mais nada, ó Deus" — para todo o sempre! "Ó Deus, tenho fome e não posso comer; tenho sede e não posso beber. Manda Lázaro, a fim de que ele molhe a ponta do dedo na água e refresque a minha língua; pois estou atormentado neste fogo!" (cf. Lucas 16.24).

Imagino se o fogo do inferno não é atiçado no fundo desse santuário onde a alma ressecada, rachada e crestada do homem grita: "Ó Deus, *não quero mais nada*. Tenho tudo: religião, posição, dinheiro, cônjuge e filhos, roupas, uma casa boa; mas tudo não passa de uma pequena avelã — nada. Ó Deus, sinto falta daquilo que mais queria!".

No fundo, esse é o problema. Na Rússia, em Washington, em toda parte — sempre, todo mundo sempre quer mais, embora tenha tudo. Você conhece a velha história de Alexandre, que conquistou o mundo e chorou porque não havia mais mundo a conquistar. O homem foi ao Polo Norte e ao Polo Sul e agora volta os olhos ávidos para a Lua e os planetas. Têm e conseguem mais, conseguem mais e têm.

A nação mais rica do mundo são os Estados Unidos. Achamos estar em recessão, mas os carros continuam sendo produzidos mais compridos e maiores e ainda mais parecidos com *jukeboxes* do que nunca. E há mais dinheiro em mais contas bancárias. Podem aplicar deduções ao seu salário, mas, depois de tirarem tudo em que você possa pensar, ainda o sujeito médio conta com mais dinheiro do que antes.

Na época da minha juventude, um pai de família criava dez filhos com 1 dólar por dia e fazia um bom trabalho. Agora temos tudo, absolutamente tudo. Todavia, que país do mundo é o mais conturbado, sofre mais colapsos, tem mais insanidade, mais assassinatos, mais triângulos amorosos, mais hospícios, mais psiquiatras e divãs?

Deus tem de vir em primeiro lugar

Uma ideia um tanto cínica, irônica mesmo, que a nação mais rica do mundo seja a campeã em número de divórcios, suicídios e delinquência juvenil. Isso prova mais uma vez que não importa quanto se dê a um homem, se ele não encontrar Deus, gritará: "Não quero mais nada" e sairá para cometer algum crime. Ainda que lhe dê tudo e, então, acrescente Deus à mistura, você foi injusto com ele, e ele, com a própria alma. Pois Deus quer ser o primeiro e ser tudo.

Dinheiro não bastará. Se você aceitar o Reino de Deus e sua justiça, Deus lhe acrescentará dinheiro — tanto quanto lhe for necessário. Se aceitar o Reino de Deus e a sua justiça, Deus pode pôr em seu caminho aprendizado, arte, música e outros amores terrenais legítimos. Pode enviá-los todos para você e permitir que você deles desfrute. Mas é sempre entendendo que ele pode lhe tirar tudo outra vez, e você não haverá de se queixar. Ainda terá Deus, e Deus é tudo.

Isaías escreveu: "O seu sol nunca se porá, e a sua lua nunca desaparecerá, porque o Senhor será a sua luz para sempre, e os seus dias de tristeza terão fim" (60.20). Gerhard Tersteegen, tecelão de seda na Alemanha, escreveu uma espécie de paráfrase frenética sobre o assunto:

> Que veloz, fugaz,
>   Quão grande é Deus,
> Quão pequeno sou eu,
>   Uma partícula de pó no céu infinito,

> E que a glória extrema, vasta e sublime
>   Do sol sem nuvens no céu,
> Jamais se esqueça de mim eternamente,
>   Perdido, tragado na imensidão do amor.
> O mar que desconhece fundo ou costa,
>   Só Deus presente, não eu,
> Nem mais perto que eu de mim pode estar
>   o Senhor para mim.
> Assim, perdi-me ao o encontrar.
>   Os céus infinitos do seu eterno amor
> Ao meu redor e por baixo e acima de mim
>   Na glória daquele dia de ouro,
> As coisas antigas passaram,
>   Sim, passaram.

Quase perdemos a capacidade de nos ajoelhar de pés descalços diante de uma sarça ardente como essa. Quando a Igreja restaurar para si outra vez o tipo de espírito capaz de compreender o que Isaías quis dizer, e o que Tersteegen pretendia ao parafrasear Isaías, então teremos o avivamento — do tipo que os quacres e os metodistas viveram e do tipo que aconteceu no Pentecoste.

> Assim, perdi-me ao o encontrar.
>   Perdi-me para sempre, ó Filho,
> Os céus infinitos do seu eterno amor
>   Ao meu redor e por baixo e acima de mim.

Isso é Deus!

Retome outra vez o texto: "[...] a sua vida está escondida com Cristo em Deus" (Colossenses 3.3). Se ganhar o mundo inteiro e não encontrar Deus em sua alma, o que você conseguiu? Não vale nada para você. Busquemos; oremos; aquietemo-nos.

Aprendamos a maravilha do silêncio. Aprendamos a beleza, o mistério de correr atrás de Deus. Com a Bíblia aberta à nossa frente e de joelhos dobrados, em humildade e penitência e no mais absoluto isolamento, clamemos: "Só Deus, só Deus e somente Deus! Levem o mundo, mas me deem Jesus!". Você fará isso? É do que necessitamos na Igreja. Todos precisamos disso. Possa Deus concedê-lo em Jesus Cristo, nosso Senhor.

> *Pai, tu abençoarás todos os que receberem essa mensagem? Concederás, pedimos em oração, que possamos nos esquecer das coisas que ficaram para trás e avançar rumo às que estão à frente? Concederás que consigamos enxergar tudo que existe como tendo apenas o tamanho de uma avelã, e a nós mesmos em um Deus tão grande, mas tão grande a ponto de abranger mundos completamente vazios sem ti? Enche-nos, ó Deus, enche-nos de ti, pois sem ti estaremos para sempre à espera. Enche-nos de ti mesmo por Jesus Cristo. Amém.*

CAPÍTULO 3

A bondade de Deus

Tu és bom, e o que fazes é bom [...]. (Salmos 119.68)

Falarei da bondade do Senhor, *dos seus gloriosos feitos, por tudo o que o* Senhor *fez por nós, sim, de quanto bem ele fez à nação de Israel, conforme a sua compaixão e a grandeza da sua bondade*. (Isaías 63.7)

Como são preciosos para mim os teus pensamentos, ó Deus! Como é grande a soma deles! (Salmos 139.17)

[...] O Senhor *se alegrará novamente em vocês e os tornará prósperos [...]*. (Deuteronômio 30.9)

Como é precioso o teu amor, ó Deus! Os homens encontram refúgio à sombra das tuas asas. (Salmos 36.7)

Provem e vejam como o Senhor *é bom.* (Salmos 34.8)

"Se vocês, apesar de serem maus, sabem dar boas coisas aos seus filhos, quanto mais o Pai de vocês, que está nos céus, dará coisas boas aos que lhe pedirem!" (Mateus 7.11)

Há mais de trinta anos, falo sobre a bondade divina. Conhecer a bondade de Deus tem suma importância, bem como sabermos que tipo de Deus ele é. Como é Deus? Eis uma pergunta que precisa ser respondida, se pretendemos ser alguma espécie de cristão. Não a menospreze, dizendo: "Eu já sei".

Há quem diga que a religião é algo enxertado no homem, resultado de sua fragilidade ou superstição. Contudo, a história mostra que tribo ou nação alguma jamais atingiu posição moral acima da própria religião. A que contava com uma religião degradada tinha um povo degradado, e, se o povo não fosse degradado, a religião, mesmo não sendo o cristianismo nem o judaísmo, ainda assim ocupava posição relativamente elevada na escala daquelas que não professavam se embasar em revelações de alguma espécie de divindade. E lembre-se: nenhuma religião nunca se elevou acima da própria concepção de Deus. Se os pagãos acreditam que Deus é ardiloso, mal-humorado, sórdido e enganoso, a religião deles se edificará em torno desse conceito. E tentarão ser dissimulados com o deus deles e agir como o seu deus age.

Por outro lado, se acreditam que Deus é um Deus, reconhecendo-lhe a natureza sublime, verdadeira e digna, embora não sejam redimidos, a religião que adotam tenderá a lhes acompanhar em sentido ascendente a concepção de Deus. Mesmo que seja pagã e não contemple o conceito de redenção.

O cristianismo sempre é forte ou fraco, dependendo de seu conceito de Deus. Insisto, e tenho dito muitas vezes, em que o problema básico com a Igreja hoje é sua concepção degradante de Deus. Converso com pessoas instruídas e piedosas do país inteiro e todas dizem a mesma coisa.

Os incrédulos provocam: "Pegue esse caubói que é seu deus e suma daqui". Ficamos com raiva e respondemos: "São ateus vis dizendo isso". Não, não são — ou, pelo menos, não é essa a razão pela qual falam esse tipo de coisa. Não conseguem respeitar nosso Deus "caubói". E, como o cristianismo evangélico se excedeu como "religião de caubói", sua concepção de Deus não é digna dele. Nossa religião é pequena porque nosso deus é pequeno. Nossa religião é fraca porque nosso deus é fraco. Nossa religião é ignóbil porque o deus a quem servimos é ignóbil. Não enxergamos Deus como ele é.

Na versão *King James* da Bíblia em inglês, o salmista diz em Salmos 34.3: "Ó magnifiquem o Senhor comigo". "Magnificar" pode significar duas coisas: "deixar maior do que é" ou "enxergar a grandiosidade que algo tem". A segunda definição tem o sentido pretendido pelo salmista.

Se quiser examinar uma porção bem pequena de determinada matéria, você a coloca sob a lente de um microscópio e a magnifica, fazendo que pareça maior do que é. Com Deus, isso não é possível, pois não há como torná-lo maior do que já é. Quando dizemos "magnifiquem o Senhor", incentivamos as pessoas a tentarem enxergar algo próximo da grandiosidade que ele tem. É o que pretendo fazer. É o que, com a ajuda de Deus, tenho me dedicado a fazer.

Uma igreja local só será tão grande quanto sua concepção de Deus. O indivíduo cristão será um sucesso ou um fracasso, dependendo do que ele ou ela pensa de Deus. É de suma importância que tenhamos conhecimento do Santíssimo, que saibamos como é Deus. Claro que podemos conhecê-lo pelas Escrituras — a elas recorremos para extrair informação. Também podemos conhecê-lo em parte pela natureza: "Os céus declaram a glória de Deus; o firmamento proclama a obra das suas mãos" (Salmos 19.1). Mas, enquanto a pena da natureza escreve sem demasiada clareza, a Palavra de Deus é muito, muito clara.

Saber que Deus é bom é importantíssimo. Lemos que Deus é bom e faz o bem, que sua benignidade está em todas as suas obras, e tudo que está escrito nas Escrituras acima. Pegue uma concordância e procure a palavra "bom" ou "bondade" e veja quanto a Bíblia, tanto no Antigo quanto no Novo Testamentos, tem a dizer sobre Deus ser bondoso.

O significado de "bom"

Deus é bondoso, gracioso, benigno e benevolente em intenção. Lembremo-nos de que também é cordial. Na verdade, só achamos que cremos. Acreditamos em certo sentido, e confio que cremos o suficiente para sermos salvos e justificados por sua graça. Mas não acreditamos com a intensidade e a intimidade devidas. Fosse esse o caso, creríamos que o Senhor é um Deus cordial e gracioso e que suas intenções são boas e benévolas. Acreditaríamos que ele jamais tem e nunca teve pensamentos maus em relação a ninguém.

Ora, tudo que eu disse significa que Deus é bom. Ele é tudo isso infinitamente. Por que afirmo tal coisa? Porque a infinitude é um atributo divino. Para Deus é impossível ser qualquer coisa e não ser completa e infinitamente o que ele é. Para o Sol é possível brilhar, mas não infinitamente, pois ele não contém toda a luz que existe. Para a montanha é possível ser grande, mas não infinitamente grande. Um anjo pode ser bom, mas não infinitamente bom. Só Deus reivindica para si a infinitude. Quando digo que Deus é bom, que tem um coração bondoso, quero dizer que ele tem um coração cuja bondade é infinita e para a qual não existem limites. Quando digo que Deus é benevolente, bondoso e bom por natureza, afirmo que ele é infinitamente assim.

Deus é bom não só infinita, como perfeitamente. Ele nunca é nada apenas *em parte*! Se digo que Deus é bondoso de coração, quero dizer que ele o é com perfeição, não que há momentos em que Deus não se sente bem e não é bom.

Jamais há ocasiões em que Deus deixa de ser cordial. Nem o melhor cristão se sente sempre cordial. Às vezes, não dorme bem e, embora não seja mal-humorado e viva como um cristão, não gosta de conversar pela manhã. Não se sente cordial; não é uma pessoa esfuziante; não é um entusiasta. Mas nunca há um momento em que Deus não o seja. Pois o que Deus é, ele o é com perfeição.

Tenho o prazer de lhe anunciar que o que Deus é, ele o é em caráter imutável. Não muda nunca. O que Deus foi, ele é. O que Deus é e era, ele será. Jamais haverá alguma alteração em Deus. Não me chame de herege; confira a legitimidade do que afirmo. Recorra à Palavra e veja se estou certo. Seja um bom bereiano e consulte as Escrituras para ver se tais coisas são verdadeiras, é tudo que peço (v. Atos 17.10,11).

Lembre-se: Deus é um entusiasta das próprias obras. Impossível compará-lo a um ausente, governando seu mundo por controle remoto. As Escrituras atestam que ele está "sustentando todas as coisas por sua palavra poderosa" (Hebreus 1.3). A presença da Palavra invisível no Universo faz as coisas funcionarem. Deus é o criador perfeito e a tudo governa, fazendo-se presente em suas obras. Isso pode ser visto nos profetas, nos Salmos e no livro de Jó — em todo o Antigo Testamento.

Quando chegamos à era da ciência, esquecemo-nos disso; agora temos "leis". A Bíblia não sabia nada sobre "as leis da natureza". Só sabia que Deus estava lá. Se chovia, era Deus em seus aposentos regando os montes. Se caíam raios, era Deus, e, se houvesse trovões, era a "voz do SENHOR" que "faz dar cria às corças" (Salmos 29.9, *NAA*).

Os escritores das Escrituras tinham consciência aguda de Deus e nunca ficavam sós porque o Senhor estava presente. "[...] 'Sem dúvida o SENHOR está neste lugar, mas eu não sabia!'" (Gênesis 28.16.) A ideia de Deus como um engenheiro ausente a governar seu Universo por controle remoto é toda errada. Ele está presente em perpétua e contínua avidez, com todo o fervor do amor extasiado a lhe pressionar os santos desígnios.

Se não for esse seu sentimento acerca da questão, a descrença leva você a sentir de outra forma; a preocupação com este mundo. Se cresse em Deus, você saberia ser essa a verdade.

A bondade de Deus implica que ele não pode se sentir indiferente a nada. Pessoas são indiferentes, não Deus. Ele ou ama com uma irrefreável energia infinita ou odeia com fogo consumidor. Sobre a segunda pessoa da Trindade já foi dito: "Amas a justiça e odeias a iniquidade; por isso Deus, o teu Deus, escolheu-te dentre os teus companheiros, ungindo-te com óleo de alegria" (Hebreus 1.9). O mesmo Senhor Jesus que amou com amor infinito e ardente também odiou com terrível fogo consumidor e continuará a fazê-lo no decorrer das eras. A bondade divina impõe que Deus não pode amar o pecado.

Nossa razão para viver

A bondade de Deus é a única razão válida para a existência, a única subjacente a todas as coisas. Você imagina que merece ter nascido, que merece estar vivo? O poeta incrédulo Omar Khayyám disse:

> Para este Universo e por que
>   sem saber nem de onde
> como água fluindo a esmo
>   e para fora como o vento do refugo,
> para onde não sei,
>   soprando a esmo.

Ele, então, acusou Deus de tudo isso e pediu: "Por tudo que fiz de errado, ó Deus, perdoa-me e aceita meu perdão". Achou que Deus lhe devia alguma coisa. Mas não se esqueça de que você pode responder a cada pergunta com a seguinte expressão: "Deus, por sua bondade, o desejou. Deus, por sua benignidade, o quis".

Por que fomos criados? Foi por *merecermos* ser criados? Como nada pode merecer alguma coisa? Houve tempo em que a raça humana inexistia. Sendo assim, de que modo uma raça que não existia podia merecer alguma coisa? Como poderia um homem que ainda não fora criado fazer por merecer alguma coisa ou acumular algum mérito? Impossível. Deus, por sua bondade, nos criou. Por que não fomos destruídos quando pecamos? A única resposta é que Deus, por sua bondade, nos poupou. O Deus cordial, benigno em seus intentos, nos poupou.

Por que Deus haveria de derramar o sangue do Filho eterno em nosso favor? A resposta é: por sua bondade e benignidade. "[...] Os homens encontram refúgio à sombra das tuas asas" (Salmos 36.7). Por que Deus me perdoaria se pequei e depois voltaria a me perdoar de novo e de novo? Porque Deus, por sua bondade, age de acordo com essa bondade e faz o que seu coração amoroso lhe determina.

Por que Deus responde à oração? Não presumamos que seja porque alguém foi bom. Nós, protestantes, achamos que não cremos em santos, mas cremos. Nós os canonizamos: São George Mueller, São C. H. Spurgeon, São D. L. Moody e Santo A. B. Simpson. Temos a ideia de que Deus respondia às orações desses homens porque eram bons de verdade. Eles negariam isso com fervor, se estivessem aqui.

Ninguém nunca recebeu algo de Deus por merecimento. Tendo caído, o homem só merece punição e morte. Portanto, Deus responde às orações por ser bom. Por causa de sua bondade, de sua benignidade, de sua afável benevolência, ele age assim! Eis a fonte de tudo.

Esse é o único fundamento sobre o qual qualquer pessoa é salva desde o princípio do mundo. Circula a ideia de que no Antigo Testamento os homens eram salvos pela Lei, e no Novo, somos salvos pela graça. A segunda afirmação está correta, mas a primeira, errada. Ninguém nunca foi salvo, desde o dia em que Abel ofereceu seu cordeiro ensanguentado sobre um altar construído de improviso até a mais recente conversão ocorrida hoje mesmo, a não ser pela bondade de Deus. Por causa da graça de Deus, de sua misericórdia, de sua bondade, benignidade e benevolência, sua cordialidade e acessibilidade, ele bondosamente salvou pessoas. Pegamos a palavra "graça" e a convertemos em termo técnico.

No Antigo Testamento, as pessoas não eram salvas por guardar nada, pois merecemos o inferno. Se Deus tivesse agido de acordo apenas com a justiça, bastaria que tirasse a tampa do ralo e nos mandasse para o inferno, dando um basta em tudo isso. Por sua bondade, no entanto, ele perdoou graciosamente quem estava por vir, conforme as condições delineadas por ele mesmo. Todo mundo é salvo pela graça. Abel foi salvo pela graça. Noé foi salvo pela graça — "Porém Noé achou graça diante do SENHOR" (Gênesis 6.8, *ARA*). O mesmo aconteceu com Moisés e os demais, até a vinda de Jesus e sua morte na cruz. Todos foram salvos pela graça por causa da bondade divina. E todos têm sido salvos pela graça em razão da bondade divina desde sempre.

Bondade e severidade

Contudo, não nos deixemos afogar em tanto sentimentalismo. Deus não é apenas bom; também é severo. Romanos 11.22 nos fala da severidade de Deus: "Portanto, considere a bondade e a severidade de Deus [...]". O texto afirma que, porque Israel se afastou dele, Deus foi severo com a nação e cortou-a temporariamente da boa oliveira, enxertando os gentios em seu lugar. Considere, então, a bondade e a severidade divinas.

Deus é bom para com todos que aceitam sua bondade. Para os que a rejeitam, não há nada que nem o Deus todo-poderoso possa fazer, se conceder ao homem o exercício de seu livre-arbítrio — e eu acredito em livre-arbítrio. O livre-arbítrio foi outorgado como um dom divino — nós o recebemos de Deus como uma pequena soberania provisória, mediante sua soberania absoluta. Ele disse: "Permitirei, em âmbito bastante estreito, que vocês sejam donos de si mesmos e escolham ir para o céu ou para o inferno". O homem que não tomar para si a bondade de Deus por força contará com a severidade divina. Isso vale para todos os que permanecerem em revolta moral contra o trono de Deus e em rebeldia contra as virtuosas leis divinas. Não há nada que Deus possa fazer, de modo que assim dispõe sua justiça sobre a questão.

Mas e quanto aos que se renderem ao seu amor? O fato de Deus ser santo, bom, justo e bondoso, e nós, pecadores, não nos coloca necessariamente na condição de perdidos? Não estamos fadados a perecer? Não impõe a lógica moral que devamos morrer?

Permita-me citar o livro de Juliana de Norwich: "Deus, por sua bondade, ordenou meios de nos ajudar de modo pleno, justo e abundante, o principal deles sendo aquilo que tomou sobre si: a natureza do homem". Ao descer à terra como homem, Deus veio para onde estávamos e, por fazê-lo, nos compreende em razão de simpatia e empatia.

Simpatia é uma bela palavra antiquada, típica do interior: *-patia* tem a mesma raiz que *páthos*, que significa "sentir ou sofrer com frequência"; *sim-* quer dizer "junto", como na palavra "sinfonia" (grupo de músicos tocando *juntos*, em harmonia). Portanto, simpatia é Deus sentindo e sofrendo conosco. A empatia é um pouco diferente, claro. Significa a capacidade de se projetar em outra pessoa e sentir o que ela sente. Um tema maravilhoso, e toda vovó velhinha em toda fazenda antiga do Tennessee sabe o que empatia quer dizer. Mas foi preciso um bom cientista para lhe dar um nome.

Deixe-me ler um trecho da Bíblia para você — em linguagem bíblica, não na linguagem da psicologia:

> Por essa razão era necessário [ou seja, quando Jesus tomou sobre si a semente de Abraão] que ele se tornasse semelhante a seus irmãos em todos os aspectos, para se tornar sumo sacerdote misericordioso e fiel em relação a Deus e fazer propiciação pelos pecados do povo. Porque, tendo em vista o que ele mesmo sofreu quando tentado, ele é capaz de socorrer aqueles que também estão sendo tentados (Hebreus 2.17,18).

> Pois não temos um sumo sacerdote que não possa compadecer-se das nossas fraquezas, mas sim alguém que, como nós, passou por todo tipo de tentação, porém, sem pecado. Assim, aproximemo-nos do trono da graça com toda a confiança, a fim de recebermos misericórdia e encontrarmos graça que nos ajude no momento da necessidade (4.15,16).

São passagens repletas de empatia. Não só o Senhor se compadece de nós em nossa miséria, como também é capaz de se projetar em nós, para saber como nos sentimos e poder senti-lo conosco. Isso é boa teologia.

Ora, Deus, por sua bondade, ordenou meios "plenos, justos e abundantes". E tudo por sua bondade. Às vezes, dizemos: "A justiça de Deus requer que ele faça isso e aquilo". Jamais utilize essa linguagem — mesmo se *me* ouvir utilizá-la! Nunca nada *requer* que Deus faça alguma coisa. Ele age como age em razão do que é, e nada que lhe seja exterior exige que ele faça alguma coisa. Deus age como age atendendo ao próprio coração. Todos os atributos divinos são simples facetas de um Deus em três pessoas.

O que são esses meios "plenos, justos e abundantes" criados por Deus para seu povo? São as preciosas reparações pelos pecados do homem, projetadas por Deus, "convertendo toda a nossa culpa em infindável adoração".

Podemos nos aproximar com ousadia

Às vezes, falo para Deus, em oração, coisas terrivelmente ousadas, quase arrogantes. Até hoje, nunca fui repreendido. Diziam acerca de Lutero (com certeza, não traço aqui nenhum tipo de comparação; ficaria feliz de limpar-lhe os sapatos e deixá-los à porta do seu quarto de dormir!) que ouvi-lo orar era uma experiência teológica. Quando ele começava, orava com tamanha abnegação, tamanha humildade, tamanho sentimento de penitência, que as pessoas ficavam com dó dele. Mas, à medida que ele prosseguia, sua oração ganhava contornos de tamanha ousadia que seus ouvintes acabavam temendo por ele.

Às vezes, em minhas orações reservadas, achego-me a Deus com ideias que hesito mencionar, mas uma delas mencionarei aqui. Na última sexta-feira, eu disse para Deus em oração: "Fico feliz por ter pecado, Deus; fico feliz por ter pecado, pois tu vieste salvar os pecadores" (v. 1Timóteo 1.15).

Não sou um homem bom; sou... Bem, você teria de lançar mão de gíria para me descrever! Sou desse jeito por natureza. E, quando o reconheci em meus meninos, não os culpei. Dei-lhes umas palmadas, mas não os culpei. Não posso chegar para Deus e alegar: "Senhor, não fiz o que aquele sujeito fez". Fiz tudo — de fato ou em pensamento — que podia ser feito. Nem conseguiria pensar em algo que não tenha passado por minha cabeça nesta vida.

Assim, orando ao Senhor a esse respeito, eu disse: "Ó Deus, esses homens bons" — e me pus a citar nomes de homens que, comparados a mim, são mesmo bons — "não têm como amar a ti tanto quanto eu, pois aquele a quem muito foi perdoado, muito ama" (v. Lucas 7.47).

Se um médico salva seu paciente que só reclama de coriza nasal, não escreverá um livro sobre a história. Ele não fez grande coisa. O paciente ficaria bem de qualquer forma. Mas o médico que pega um homem com tumor cerebral, coloca-o para dormir e, com enorme cuidado, oração e habilidade, traz o homem de volta à vida, esse fez alguma coisa.

Ele salvou "um miserável como eu", nas palavras do hino *Amazing Grace* [Maravilhosa graça]. Conseguiu converter "toda nossa culpa em infindável adoração". Creio que a Bíblia ensine — nosso Senhor o insinuou, e Paulo desenvolveu ainda mais a ideia — que o dia virá em que se reunirão ao nosso redor vindos de toda parte e dirão: "Parem e reflitam nas maravilhas de Deus". Lemos no livro de Atos (4.14) sobre os que viram em seu meio um homem que fora curado e nada puderam falar. Contemplando o terrível pecador, só nos cabe confessar: "[...] 'Digno é o Cordeiro que foi morto [...]' " (Apocalipse 5.12). Como é digna a bondade do Deus, que, por sua benevolência infinita, sua benignidade imutável e perfeita, providenciou reparações para nós, "plenas, justas e abundantes", transformando todo o nosso pecado em infindável adoração.

A benevolência de Deus

Jesus é Deus. É também o homem mais bondoso que já existiu sobre a terra. Sua benignidade é algo que precisamos ter. Deve ser um reflexo, uma fragrância pairando no ar, como de um vaso antigo que um dia abrigou lindas flores. Apesar de ele ter se quebrado, o perfume das rosas permanece ao seu redor. Assim, a humanidade, caída como um vaso quebrado, lançada ao chão e estilhaçada em mil pedaços, ainda tem algo que podemos chamar de benignidade.

Imagino que um dos homens mais bondosos dos Estados Unidos tenha sido Lincoln. Em visita a um hospital, encontrou ali um jovem oficial do norte do país, ferido com tamanha gravidade a ponto de estar muito claro que morreria em breve. As enfermeiras sussurraram: "Senhor presidente, ele não sobreviverá". Homem alto, grandalhão e simples, o presidente entrou em uma ala do hospital e caminhou entre os homens. Foi, então, até o jovem oficial moribundo e, inclinando-se por cima dele para lhe beijar a fronte, disse: "Tenente, você precisa ficar bom, por mim". As enfermeiras mais próximas disseram ter ouvido a resposta murmurada: "Senhor presidente, farei isso". E de fato aconteceu!

Outra ocasião, alguém entrou no gabinete de Lincoln e o encontrou olhando pela janela, para o gramado lá embaixo. O comentário foi: "Senhor presidente, o senhor parece muito sério hoje".

"Sim", ele respondeu, "hoje é dia de carnificina. O Exército atirará em um monte de rapazes porque eles retrocederam quando estavam sob ataque, ou por alguma outra coisa que fizeram em tempos de guerra. Não os culpo; não foram covardes. Quem correu foram suas pernas". Em meio a lágrimas, complementou: "Estou repassando a lista e pretendo salvar todos que puder".

Por isso, amamos Lincoln, não só porque ele libertou os escravos e salvou a União, mas por ser dono de um grande coração. Todavia, até ele tinha um limite. Dizem que certa ocasião alguém chegou ao gramado da Casa Branca e deparou com Mary, esposa de Lincoln, correndo e gritando. O grande e alto presidente a perseguia empunhando um ramo.

— O que está acontecendo aqui? — a pessoa perguntou.
— Ela não quer me obedecer — ele respondeu.

Era um homem capaz de perder a cabeça, como você pode ver, e de ser rude, o que não acontece com Jesus. Este sim, o ser mais bondoso a usufruir de fôlego humano.

Um grupo de literatos conversava sobre *páthos* na literatura. Discutiam livros que levavam as pessoas às lágrimas. Matthew Arnold comentou que a poesia de Burns era tão incisivamente bela, inspirando comoção emocional tão aguda, que às vezes se tornava difícil lê-la por causa das feridas profundas que ela causava. Alguém perguntou ao sr. Dickens que literatura ele considerava mais impregnada de *páthos*. "Oh", respondeu ele, "a história do filho pródigo, sem dúvida. Não há nada como ela em toda a literatura".

Quem a escreveu? Deus. Quem a contou? O homem mais bondoso de todo o mundo. Quando leio as Escrituras e deparo com a passagem que se inicia com "Um homem tinha dois filhos" (Lucas 15.11), o instinto me leva a curvar a cabeça. Algo dentro de mim sente vontade de reverenciar o coração capaz de criar tal história.

Deus não se revolta com nosso estado deplorável. Não menospreza nada que você tenha feito, nem desdenha do serviço do mais simples oficial pertencente ao nosso grupo. O Senhor será seu enfermeiro, seu cuidador, seu ajudador, e não se revolta contra nada relacionado a você. Quer que você se alegre nele. O prodígio eterno e o amor elevado de Deus, amor irresistível que a tudo excede, por sua bondade nos vê perfeitos, embora não o sejamos. Ele deseja que nos alegremos nele.

Deus quer nos agradar

Ele não tem prazer algum nas lágrimas humanas. Veio e chorou a fim de fazer cessar para sempre a fonte das nossas lágrimas.

Veio e privou a própria mãe de sua presença a fim de curar todo luto. Veio e perdeu tudo a fim de poder curar nossas feridas pelas perdas que sofremos. Ele deseja que nos agrademos dele. Deixemos de lado nossas dúvidas e confiemos nele.

Deus quer agradar você. Ele se compraz quando você é seu filho, quando se rende, quando seu querer é o dele, e o dele é o seu, quando você não se rebela e não busca a própria vontade. Deus ama agradar seu povo.

Já viu um pai dando presentes aos filhos? Já viu o namorado presenteando a noiva? Deus quer agradar as pessoas que ama e aquelas que o amam. A ideia de que ele tem sempre de fazê-lo se sentir miserável não é bíblica, de modo algum. Jesus Cristo conhecia Deus e sofreu as aflições e perseguições do mundo, o amargor do coração contaminado das pessoas, que dificultaram tudo para ele. Mas se agradou de Deus, e Deus, dele. "[...] 'Este é o meu Filho amado, de quem me agrado'" (Mateus 3.17). "[...] 'Muito bom, servo bom e fiel! [...]'" (Mateus 25.21). Deus pode dizer a mesma coisa hoje ao seu povo.

Ele não se agrada quando você se sente miserável. Fará que isso aconteça se você não lhe obedecer, mas, se estiver entregue e for obediente, a bondade de Deus operou de tal forma por meio de Jesus Cristo que agora ele quer agradá-lo e responder às suas orações, de modo que você seja feliz nele. É o que ele deseja fazer. Deixemos de lado toda dúvida e confiemos nele.

Gerhard Tersteegen escreveu um cântico:

> Em meio à escuridão, tempestade e dor,
> Clarão radiante vejo.
> Bem sei que no amanhã bendito
> Cristo virá me resgatar.

Seguem-se seis estrofes, e os últimos quatro versos dizem:

> Ele e eu na glória reluzente,
> Profunda alegria dividiremos.
> A minha por estar para sempre com ele,
> A dele porque estarei lá.

Alguma vez você parou para pensar que Deus ficará tão contente por tê-lo no céu quanto você por estar lá? A bondade e a misericórdia divinas, a afetuosa benevolência do Senhor — que maravilha! Ele pode estabelecer uma relação conosco capaz de nos agradar sem nos mimar. Ele nos agrada, e isso o agrada. E, quando nos agradamos dele, ele também se agrada.

Uma alegria comum que dividiremos: "A minha por estar sempre com ele, a dele porque estarei lá". Obrigado, meu Deus, muito obrigado! Louvemos a benignidade divina para sempre, pois sua bondade não tem fim. Amém e amém!

CAPÍTULO 4

A justiça de Deus

"[...] *Não agirá com justiça o Juiz de toda a terra?*" (Gênesis 18.25)

Pois o Senhor, *o seu Deus, é o Deus dos deuses e o Soberano dos soberanos, o grande Deus, poderoso e temível, que não age com parcialidade nem aceita suborno.* (Deuteronômio 10.17)

As decisões do Eterno são precisas nos mínimos detalhes. (Salmos 19.9, *A Mensagem*)

Para proclamar que o Senhor *é justo. Ele é a minha Rocha; nele não há injustiça.* (Salmos 92.15)

[...] retidão e justiça são a base do seu trono. (Salmos 97.2)

Farei do juízo a linha de medir e da justiça o fio de prumo [...]. (Isaías 28.17)

Então ouvi o anjo que tem autoridade sobre as águas dizer: "Tu és justo, tu, o Santo, que és e que eras, porque julgaste estas coisas; pois eles derramaram o sangue dos teus santos e dos teus profetas, e tu lhes deste sangue para beber, como eles merecem". E ouvi o altar responder: "Sim, Senhor Deus todo-poderoso, verdadeiros e justos são os teus juízos". (Apocalipse 16.5-7)

Se você conhece Deus, sabe que ele é absoluta e perfeitamente justo. Antes de mais nada, no entanto, precisamos definir um termo. O que querermos dizer com justiça?

Ao examinar com muita atenção as Escrituras acerca desse assunto, descubro que, no Antigo Testamento, justiça é indistinguível de retidão. A raiz das palavras é a mesma, com variações de acordo com a parte do discurso utilizada. O sentido pode ser de *probidade* ou de *integridade*. Dizer que Deus é justo, ou que a justiça de Deus é um fato, equivale a dizer que existem probidade e integridade no Senhor. Salmos 89.14 diz: "A retidão e a justiça são os alicerces do teu trono [...]". Salmos 97.2 afirma: "[...] retidão e justiça são a base do seu trono". Justiça e retidão são indistinguíveis uma da outra.

Dizer que Deus é justo significa dizer que ele é imparcial, moralmente equitativo. Se examinar Ezequiel 18.25, você verá Deus ralhando com Israel. Lá ele se manifesta assim: "Contudo, vocês dizem: 'O caminho do Senhor não é justo'. Ouça, ó nação de Israel: O meu caminho é injusto? Não são os seus caminhos que são injustos?". O termo "injusto" significa nada mais, nada menos que *carente de equidade*. Você sabe que *carente de equidade* e *iníquo* são a mesma coisa? Não há equidade moral no iníquo, nem simetria moral. Ele é injusto em si mesmo.

A palavra "justiça", como utilizada nos textos acima, corresponde à aplicação da justiça a uma situação moral, favorável ou desfavorável. Quando Deus julga um homem, aplica a justiça à vida desse homem. Impõe a justiça à situação moral que a vida dele criou. E, se os caminhos do homem forem retos, então a justiça o beneficia. Caso lhe falte equidade, claro, Deus o condena.

Justiça não é coisa que Deus tem, mas que ele *é*. Um gramático talvez aconselhasse o uso do termo do seguinte modo: "*Justo* é coisa que Deus é". Mas eu digo: "Não, *justiça* é coisa que Deus é". Deus é amor e, exatamente como ele é amor, é justiça.

De vez em quando se ouve dizer: "A justiça exige que Deus aja assim". Existe a probabilidade de que eu mesmo já tenha usado a expressão, embora semanticamente inadequada. A língua humana titubeia quando tentamos empregá-la para descrever Deus. Os profetas do Antigo Testamento e os apóstolos do Novo Testamento colocam tamanha pressão sobre ela que as palavras gemem e rangem ante o esforço de contar a história. Precisamos nos lembrar de que a justiça não é algo exterior a Deus, a que ele precisa se conformar. Nada jamais requer que Deus faça coisa nenhuma. Se você tem um deus que é forçado a fazer seja o que for, você tem um deus frágil que precisa curvar a cabeça a algum jugo e ceder à pressão externa. Nesse caso, a justiça é maior que Deus. Mas esse é um pensamento equivocado.

Todos os motivos divinos para fazer alguma coisa residem dentro do próprio Deus. Não estão fora de Deus para serem convocados a fim de lhe dar sustentação. Residem dentro de Deus — ou seja, são o que Deus é. E os motivos divinos para fazer o que ele faz brotam do que Deus é. Nada foi acrescentado a Deus desde a eternidade. E nada lhe foi retirado desde a eternidade. Nosso Deus é exatamente o que era antes que um único átomo fosse criado. Ele será exatamente o que é quando os céus não mais existirem. Ele nunca mudou de modo algum, pois é o Deus imutável.

Sendo perfeito, Deus é incapaz de perder ou ganhar. De aumentar ou diminuir. De saber mais ou menos. Deus é Deus e ponto final. Ele age com justiça interna, não em obediência a alguma lei imaginária; ele é o autor de todas as leis e age como ele próprio o tempo todo.

Temos ouvido muitas mentiras, sido muito enganados, traídos e ludibriados até por aqueles que admiramos e respeitamos, a ponto de projetarmos nosso cinismo sobre o próprio trono de Deus. E, sem que o saibamos, abrigamos dentro da mente um sentimento de que Deus é assim mesmo. Permita-me lhe dizer que Deus sempre age conforme ele mesmo. Não existe arcanjo, nem 10 mil anjos de espada em punho, nem querubim ou serafim em parte alguma capaz de convencer Deus a agir de outro modo. Ele age sempre como lhe convém e sempre o fará.

Ele precisou redimir o homem dentro desse poderoso arcabouço ilimitado. Não poderia mudar, ou teria de passar de melhor para pior, ou de pior para melhor. Sendo Deus perfeito, não teria como ir em nenhuma dessas direções. Tinha de permanecer sendo Deus. Assim, no livro do Apocalipse, a justiça de Deus é celebrada por seus santos.

Teólogos tanto judeus quanto cristãos falam de justiça como um dos atributos divinos. Deus é justiça e agirá sempre com justiça — não por coerção exterior, mas porque esse é seu jeito de ser ele mesmo. A justiça deve sempre prevalecer porque ele é o Deus soberano que sempre prevalecerá.

Se isso é verdade, então onde entramos você e eu?

Existiu um teólogo antigo de nome Anselmo que hoje não é mais tão lido. Foi um dos grandes pais da Igreja, contado entre os grandes teólogos, os grandes santos, os grandes pensadores. Chamaram-no de o segundo Agostinho. Pois Anselmo fez uma pergunta para Deus: "Como poupas o ímpio se és justo, soberanamente justo?".

Não nos preocupamos muito com essa questão porque hoje em dia depreciamos a salvação. Depreciamos nosso conceito de Deus, que assumiu nível tal, a ponto de esperarmos dar de cara com os portões de pérolas, bater palmas e chamar:

"Muito bem, Deus, aqui estou!". E ele, então, nos acolherá. É melhor encontrarmos resposta para a pergunta do velho teólogo a fim de não nos chegarmos presunçosos ao portão do céu e sermos mandados embora.

O velho irmão Anselmo se confortava com o seguinte pensamento: "Vemos para onde flui o rio, mas o manancial de onde ele brota não enxergamos". Sabia que Deus podia, só não sabia como podia. "Como podes justificar o ímpio e ainda ser justo?", indagava. Para essa questão há três afortunadas respostas.

1. A unidade divina

Uma resposta diz que *o ser divino é unitário*. O que isso significa? Que Deus não é composto de partes. Você não é um ser unitário, mas, sim, constituído de espírito, alma e corpo. Tem memória e esquecimento. É dotado de atributos que lhe foram conferidos. Algumas coisas lhe podem ser tiradas, e você ainda consegue subsistir. Porções inteiras do seu cérebro podem ser destruídas, e você ainda consegue sobreviver. Você pode esquecer, aprender e continuar vivo — pelo fato de não ser unitário. Ou seja, Deus o fez, e "fez" significa compôs. Deus juntou as suas partes. Pôs a cabeça no alto do torso e pernas por baixo, pôs a corrente sanguínea em seu interior, seu sangue, ventrículos e aurículas, veias e artérias, nervos e ligamentos. Fomos arquitetados dessa maneira, e você pode tirar uma porção impressionante do homem sem que ele deixe de existir. Mas não pode pensar em Deus dessa maneira, porque Deus é um ser unitário.

Os judeus sempre creram assim. "Atenção, Israel! Ouça, ó Israel: o Senhor, o nosso Deus, é um e único!" (Deuteronômio

6.4, *A Mensagem.*) Ora, Israel não se limitava a declarar que só existe um Deus. Os judeus ensinavam que Deus é um ser unitário, e a Igreja ensina que Deus é um ser unitário (até onde a Igreja ensina alguma coisa hoje — pode-se frequentar uma igreja a vida inteira e não aprender muita teologia). O significado de "Deus é um e único" não se restringe a que só existe um Deus; quer dizer que Deus é uma coisa só.

Você percebe a diferença aqui? Não devemos pensar em Deus como alguém composto de partes trabalhando em harmonia. Temos de pensar nele como uma coisa só. Porque Deus é um, seus atributos jamais disputam entre si. Porque o homem não é unitário, mas, sim, composto, ele pode ser frustrado. Pode sofrer de esquizofrenia, e parte do seu ser guerrear contra outra parte de si mesmo. Seu senso de justiça pode guerrear contra seu senso de misericórdia. O juiz ocupa a tribuna inúmeras vezes e se vê entre a misericórdia e a justiça, sem saber qual dos dois exercer.

Um ditado famoso fala do homem que, na véspera da guerra em que teria de sair e lutar por seu país, disse para a noiva a quem amava e com quem planejava se casar: "Eu não seria capaz de te amar tanto se não amasse mais o meu dever". Eis um homem dividido entre o amor a uma mulher e o amor ao dever. Isso acontece porque o homem é feito de partes. Por isso, dispomos de psiquiatras — para tentar juntar de novo as nossas peças. Não fazem isso, você sabe, mas tentam; ao menos o crédito por tentarem precisamos lhes dar.

Como um diamante, Deus não tem partes. Ele é todo um Deus, e tudo que faz se harmoniza com tudo mais que realiza com perfeição, porque não existem partes para se desconjuntarem nem atributos que conflitem uns com os outros e disputem até solucionar a questão. Todos os atributos de Deus são um, e juntos.

Às vezes, quando prego sermões evangelísticos, caio no mesmo erro semântico. Pensamos em Deus como alguém a presidir um tribunal em que o pecador infringiu a lei imposta pela justiça. Imaginamos a justiça lá fora em algum lugar, em posição exterior a Deus. O transgressor pecou contra a justiça exterior e é algemado e levado para o tribunal de Deus. Pensamos, então, que a misericórdia divina quer perdoá-lo, mas essa justiça exterior protesta: "Não, ele descumpriu minhas leis. Deve morrer". Vem-nos, então, à mente a cena dramática de Deus sentado com lágrimas nos olhos em seu trono, emitindo uma sentença de morte contra um homem que sua misericórdia quer perdoar, mas não consegue porque a justiça não permite. De igual modo, poderíamos ser como os pagãos e pensar em Deus como eles fazem. Isso não é teologia cristã — nunca foi nem pode ser. É errado pensar desse modo, pois fazemos de Deus um homem.

"Você pensa que eu sou como você?", Deus pergunta (Salmos 50.21). Nossos juízes se sentam no tribunal e sentem no coração o desejo de perdoar, mas a lei não permite, de modo que acabam ficando divididos. Já me contaram que às vezes eles empalidecem e apertam com força a borda da mesa à frente quando condenam alguém à morte. Sua misericórdia não se harmoniza com seu senso de justiça. A justiça externa se interpõe como lei e diz: "Esse homem deve morrer". Mas a misericórdia protesta: "Por favor, por favor, poupem-no!".

No entanto, pensar assim de Deus é pensar erroneamente sobre Deus. Tudo que ele é e faz se harmoniza com tudo mais que Deus é e faz. Creio que eu nem deveria usar a palavra "harmonia", pois ela requer pelo menos que dois se juntem e se tornem um por algum tempo. Todavia, nada disso acontece com Deus; ele simplesmente é! Quando você ora, diz: "Nosso Pai do céu, revela-nos quem tu és" (Mateus 6.9, *A Mensagem*). Deus é apenas!

Portanto, a primeira resposta à questão "Como pode Deus, sendo justo, ainda assim absolver o ímpio?" nasce do ser unitário de Deus. A justiça e a misericórdia divinas não disputam uma com a outra.

2. A paixão de Cristo

A segunda resposta provém do efeito da paixão de Cristo. Hoje "paixão" quer dizer "concupiscência sexual", mas antigamente significava sofrimento profundo, terrível. Por isso, chamam a Sexta-Feira Santa de Sexta-Feira da Paixão, e falamos em "paixão de Cristo". Trata-se de referência ao sofrimento por que Jesus passou ao fazer sua oferta sacerdotal por nós com o próprio sangue.

Jesus Cristo é Deus, e tudo que eu disse sobre Deus o descreve. Ele é unitário. Tomou sobre si a natureza do homem, mas Deus, o Verbo eterno, era antes do homem e criou o homem, é um ser unitário, e não há como dividir-lhe a substância. E assim o Santo de Deus sofreu, e o sofrimento que padeceu em seu próprio sangue em nosso favor foi três coisas: infinito, todo-poderoso e perfeito.

Infinito quer dizer irrestrito e sem limites, vasto, sem fundo, sem topo, para todo o sempre, sem nenhuma medida ou limitação possível. Assim, o sofrimento de Jesus, a expiação que ele produziu na cruz sob um céu enegrecido, foi infinito em poder.

Não apenas infinito, mas *todo-poderoso*. Aos homens bons é possível "quase" fazer algo ou "quase" ser algo. Essa é a solução que as pessoas conseguem por serem pessoas. Mas o Deus todo-poderoso nunca é "quase" nada. Deus é sempre exatamente o que ele é. Ele é o Todo-poderoso. Isaac Watts disse acerca de sua morte na cruz: "Deus, o poderoso Criador, morreu pelo pecado do homem, a criatura". E, quando Deus, o Criador todo-poderoso, morreu, todo o poder existente estava nessa expiação. Impossível exagerar a eficácia da expiação. Impossível exagerar o poder da cruz.

Deus não só é infinito e todo-poderoso, como também *perfeito*. A expiação no sangue de Jesus Cristo é perfeita; não existe nada que lhe possa ser acrescentado. Ela é imaculada, impecável, livre de toda falha. Perfeita como Deus é perfeito. Assim, a pergunta "Como tu poupas o ímpio se és justo?" é respondida pelo efeito da paixão de Cristo. O sofrimento santo lá na cruz e a ressurreição dentre os mortos cancelam nossos pecados e revogam nossa condenação.

Onde e como recebemos essa condenação? Quando da aplicação da justiça a uma situação moral. Não importa quão bom, refinado e adorável você se imagine, você é uma situação moral — foi, ainda é, será. E, quando Deus o confrontou, a justiça divina confrontou uma situação moral e o encontrou injusto, encontrou ausência de equidade, encontrou iniquidade.

Porque Deus encontrou iniquidade, Deus condenou você à morte. Todo mundo esteve ou está debaixo de sentença de morte. Procuro imaginar como as pessoas podem se sentir tão alegres debaixo da sentença de morte. "Aquele que pecar é que morrerá [...]." (Ezequiel 18.20.) Quando a justiça confronta uma situação moral em um homem, mulher, jovem ou qualquer indivíduo moralmente responsável, ou ela justifica ou condena a pessoa. É assim que recebemos a condenação.

Permita-me salientar que, quando Deus, em sua justiça, condena o pecador à morte, não há desentendimento com a misericórdia de Deus; não há desentendimento com a bondade de Deus; não há desentendimento com sua compaixão ou piedade, pois são todos atributos de um Deus unitário e não podem se desentender uns com os outros. Todos os atributos de Deus cooperam para a sentença de morte do homem. Até os anjos no céu clamam e dizem: "[...] 'Tu és justo, tu, o Santo, que és e que eras, porque julgaste estas coisas [...]. Sim, Senhor Deus todo-poderoso, verdadeiros e justos são os teus juízos'" (Apocalipse 16.5,7).

Você jamais encontrará no céu um grupo de seres sagrados achando defeito na maneira pela qual Deus conduz sua política externa. Deus todo-poderoso está na direção do seu mundo, e toda criatura moral diz: " '[...] verdadeiros e justos são os teus juízos'. [...] A retidão e a justiça são os alicerces do teu trono [...]" (Apocalipse 16.7; Salmos 89.14). Quando Deus envia um homem para a morte, misericórdia, piedade, compaixão, sabedoria e poder concordam — tudo que é inteligente em Deus concorre para a condenação.

Mas, oh, o mistério e a maravilha da expiação! Para a alma que dela se vale, que se lança sobre ela, a situação moral mudou. Deus não mudou! Jesus Cristo não morreu para mudar Deus; Jesus Cristo morreu para mudar uma situação moral. Quando a justiça divina confronta um pecador desprotegido, condena-o à morte. E Deus inteiro concorre para essa condenação! Mas, quando Cristo, que é Deus, subiu no madeiro e sobre ele morreu em agonia infinita, em sofrimento excessivo, esse grande Deus sofreu mais do que eles sofrem no inferno. Sofreu tudo que poderiam sofrer no inferno. Sofreu a agonia de Deus, pois tudo que faz, Deus o faz com tudo que ele é. Quando sofreu por você, meu amigo, Deus sofreu para mudar sua situação moral.

O homem que se lança sobre a misericórdia de Deus teve a situação moral alterada. O Senhor não diz: "Bem, desculparemos esse camarada. Ele tomou sua decisão, e nós o perdoaremos. Entrou na sala de oração, então o perdoaremos. Passará a fazer parte da igreja; desconsideraremos seu pecado". Nada disso! Quando Deus olha para um pecador submetido à expiação, não enxerga a mesma situação moral que vê quando olha para o pecador que ainda ama seu pecado. Quando Deus olha para o pecador que ainda ama seu pecado e rejeita o mistério da expiação, a justiça o condena à morte. Quando Deus olha para o pecador que aceitou o sangue da aliança eterna, a justiça o sentencia à vida. E Deus é justo em ambas as ocasiões.

Quando Deus justifica um pecador, tudo em Deus se coloca do lado do pecador. Todos os atributos divinos ficam do lado do pecador. Não é que a misericórdia suplique pelo pecador e a justiça tente espancá-lo até a morte, como nós, pregadores, às vezes damos a impressão. Deus inteiro faz tudo que Deus faz. Quando ele olha para um pecador e o vê sem ter passado pela expiação (por se recusar a aceitá-la; por pensar que não se aplica ao seu caso), a justiça afirma que ele deve morrer por causa de sua situação moral. E, quando Deus olha para o pecador que se submeteu à expiação, que pela fé se sabe resgatado e aceita essa condição, a justiça afirma que ele deve viver! Impossível ao pecador injusto ir para o céu mais que ao pecado justificado ir para o inferno. Oh, amigos, por que guardamos tanto silêncio? Por que estamos tão calados? Deveríamos nos regozijar e agradecer a Deus com toda a nossa força!

Repito: a justiça se coloca do lado do pecador que se arrepende. Primeira João 1.9 diz: "Se confessarmos os nossos pecados, ele é fiel e justo para perdoar os nossos pecados e nos purificar de toda injustiça". A justiça agora está do nosso lado porque o mistério da agonia de Deus na cruz alterou-nos a situação moral. Ou seja, a justiça olha e vê equidade; somos justificados. Eis o significado de justificação.

Se acredito na justificação pela fé? Oh, meu irmão, acredito sim! Davi acreditou e disse isso por escrito no salmo 32. Mais tarde, seu salmo foi citado por um dos profetas. Paulo retomou o assunto e o mencionou em Gálatas e Romanos. A ideia se perdeu por um tempo, relegada à lata do lixo, mas foi, então, trazida outra vez ao primeiro plano e ministrada por Lutero e os morávios, os wesleyanos e os presbiterianos. "Justificação pela fé" — sobre ela nos alicerçamos hoje.

Quando falamos em justificação, não nos limitamos a manipular um texto. Precisamos ver quem é Deus e por que essas coisas são verdadeiras. Somos justificados pela fé porque a agonia divina em cima da cruz alterou a situação moral. *Nós somos essa situação moral.* Deus não mudou, em absoluto. A ideia de que a cruz apagou a expressão carrancuda da face de Deus e que, apesar da má vontade inicial, ele se pôs a sorrir é um conceito pagão, não cristão.

Deus é um. Não apenas existe um único Deus, como ele é unitário, um consigo mesmo, indivisível. E a misericórdia divina nada mais é que Deus sendo misericordioso. A justiça divina nada mais é que Deus sendo justo. O amor divino nada mais é que Deus amando. A compaixão divina nada mais é que Deus sendo compassivo. Não são coisas que se esgotam em Deus — *são coisas que ele é*!

3. O Deus imutável

Como Deus pode ser justo e ainda assim justificar um pecador? Existe uma terceira resposta. A compaixão flui da bondade; no entanto, bondade sem justiça não é bondade. Você não seria bom se não fosse justo. Se Deus é bom, tem de ser justo. Quando ele pune o ímpio, toma a atitude justa, pois é coerente com os castigos merecidos pelo ímpio. Mas o perdão de Deus concedido a um ímpio também é uma atitude justa, pois é coerente com a natureza divina. Assim, temos Deus Pai, Filho e Espírito Santo sempre agindo como Deus. Sua esposa pode ser ranzinza, seu amigo pode ser frio, as guerras podem continuar no exterior, mas Deus é sempre o mesmo. Sempre age de acordo com seus atributos de amor, justiça e misericórdia.

Deus sempre, sempre, sempre age como Deus. Você não se alegra por não ter de se infiltrar no céu por uma janela do porão? Não fica feliz porque não entrará como alguns pregadores fazem para obter seu diploma acadêmico, pagando 25 dólares para uma fábrica de certificados?

Não fica feliz porque não entrará no céu por um descuido divino? Ele está tão ocupado com seu mundo que você aproveita e entra furtivamente. Passa mil anos ali dentro antes que Deus o perceba!

Você não fica feliz porque não entrará pelo simples fato de ser membro de uma igreja? Deus diz: "Bem, essa é uma igreja bem boa. Vamos deixá-lo entrar". E assim você entra, mas pode ser que mais tarde ele encontre seus pontos podres e o expulse!

Existe a parábola do homem que apareceu em um banquete de casamento sem veste nupcial. Depois que ele entrou na festa, disseram: "O que esse homem faz aqui?". Expulsaram-no então — amarraram-lhe mãos e pés, arrastaram-no para fora e o lançaram na escuridão (v. Mateus 22.11-13). No Reino de Deus, não haverá nada parecido com isso, porque o Deus onisciente sabe tudo que há para ser conhecido. Ele conhece todo mundo — inclusive você. E Deus, o justo, jamais permitirá a entrada do iníquo no céu. "Por que vocês andam em pernas de tamanhos desiguais?", disse Elias (1Reis 18.21, paráfrase nossa). É injusto, uma iniquidade. E o homem iníquo nunca entrará no céu. Jamais!

Toda essa conversa barata sobre São Pedro nos examinar para ver se estamos bem — tudo bobagem! O grande Deus todo-poderoso, sempre um consigo mesmo, olha para uma situação moral e enxerga ou morte ou vida. E Deus integralmente está do lado da morte ou da vida. Se existe um pecador iníquo, injusto, não resgatado, não purificado, desprotegido em seu pecado, a resposta é uma só — Deus inteiro diz: "Morte e inferno". E o céu inteiro não tem como alçar esse homem para seu interior.

Contudo, se ele esmurra o próprio peito e clama: "Deus, tem misericórdia de mim, que sou pecador" (Lucas 18.13) e toma para si os benefícios da agonia infinita de Deus sobre a cruz, Deus olha para essa situação moral e declara: "Vida!". Nem o inferno inteiro será capaz de arrastar tal homem para baixo. Oh, a maravilha, o mistério e a glória de ser de Deus!

CAPÍTULO 5

A misericórdia de Deus

O SENHOR é compassivo e bondoso; tardio em irar-se e rico em bondade. Não repreende perpetuamente, nem conserva para sempre a sua ira. Não nos trata segundo os nossos pecados, nem nos retribui conforme as nossas iniquidades. Pois quanto o céu se eleva acima da terra, assim é grande a sua misericórdia para com os que o temem. Quanto o Oriente está longe do Ocidente, assim ele afasta de nós as nossas transgressões. Como um pai se compadece de seus filhos, assim o SENHOR se compadece dos que o temem. Pois ele conhece a nossa estrutura e sabe que somos pó. Quanto ao ser humano, os seus dias são como a relva. Como a flor do campo, assim ele floresce; mas, soprando nela o vento, desaparece e não conhecerá, daí em diante, o seu lugar. Mas a misericórdia do SENHOR é de eternidade a eternidade sobre os que o temem, e a sua justiça, sobre os filhos dos filhos. (Salmos 103.8-17, *NAA*)

Bendito seja o Deus e Pai de nosso Senhor Jesus Cristo, Pai das misericórdias e Deus de toda consolação. (2Coríntios 1.3)

[...] Vocês ouviram falar sobre a perseverança de Jó e viram o fim que o Senhor lhe proporcionou. O Senhor é cheio de compaixão e misericórdia. (Tiago 5.11)

O Senhor não demora em cumprir a sua promessa, como julgam alguns. Ao contrário, ele é paciente com vocês, não querendo que ninguém pereça, mas que todos cheguem ao arrependimento. (2Pedro 3.9)

A misericórdia, portanto, é um atributo de Deus. Em Êxodo há uma declaração emocionante de tão maravilhosa de que a misericórdia constitui um atributo de Deus:

Moisés se levantou cedo pela manhã e subiu ao monte Sinai [...]. E o Senhor desceu na nuvem e permaneceu ali com ele, e proclamou o nome do Senhor. E o Senhor passou diante de Moisés e proclamou: Senhor, o Senhor Deus, misericordioso e gracioso, longânimo e abundante em bondade e verdade. Mantém a misericórdia por milhares, perdoando iniquidade, transgressão e pecado [...]. (34.4-7, tradução livre da versão *King James* em inglês)

Em 2Crônicas, no templo, há outra grande declaração da misericórdia de Deus:

E quando em uníssono, ao mesmo tempo, tocaram as trombetas e cantaram para se fazerem ouvir, para louvar e dar graças ao Senhor; e quando levantaram eles a voz com trombetas, címbalos e outros instrumentos musicais para louvarem o Senhor, porque ele é bom, porque a sua misericórdia dura para sempre, então o templo, a saber, a Casa do Senhor, se encheu de uma nuvem, de maneira que os sacerdotes não puderam permanecer ali para ministrar, por causa da nuvem, porque a glória do Senhor encheu a Casa de Deus (5.13,14, *NAA*).

Essas duas passagens declaram, em estilo um tanto formal, que Deus é misericordioso. Como eu disse acerca dos outros atributos da Divindade, misericórdia não é algo que Deus *tem*, mas, sim, que ele *é*. Se ele a tivesse, haveria a possibilidade de esquecê-la em algum lugar ou de que ela se exaurisse. De que se tornasse menos ou mais. Todavia, por se tratar de algo que Deus é, precisamos nos lembrar de que a misericórdia é algo incriado. A misericórdia de Deus não passou a existir a partir de determinado momento. Ela sempre existiu, pois misericórdia é o que Deus é. E Deus é eterno e infinito.

Muito ensino imprudente tem dado a entender que o Antigo Testamento é um livro de severidade e lei, e o Novo Testamento, de delicadeza e graça. Mas você sabe que, embora tanto o Antigo quanto o Novo Testamentos manifestem a misericórdia de Deus, o termo "misericórdia" aparece no Antigo Testamento com frequência mais de quatro vezes maior que no Novo Testamento? Meio difícil de acreditar, mas é a verdade.

Essa ideia popular constitui grande erro, porque o Deus do Antigo Testamento e o Deus do Novo Testamento é um Deus único. Ele não mudou. É o mesmo Deus e, sendo o mesmo Deus e não tendo mudado, deve necessariamente ser no Antigo Testamento o mesmo do Novo Testamento. Ele é imutável e, por ser perfeito, não se lhe pode acrescentar nada. A misericórdia de Deus era tão excelente no Antigo Testamento quanto no Novo.

A fonte da misericórdia é a bondade. Devo pedir perdão aqui por minha necessidade de usar linguagem humana para falar de Deus. A linguagem trata do finito, e Deus é infinito. Quando tentamos descrevê-lo ou falar de Deus, estamos sempre quebrando as próprias regras e recaindo nas pequenas ciladas semânticas que gostaríamos de evitar, mas não conseguimos. Quando digo que um atributo é a fonte de outro, não faço o uso correto da linguagem, mas coloco a questão de maneira que você consiga compreender. Se tentasse usar absolutos, vocês todos pegariam no sono na mesma hora.

A bondade infinita de Deus é ensinada ao longo de toda a Bíblia. Bondade é aquilo em Deus que deseja a felicidade de suas criaturas e a ânsia em Deus de abençoar. A bondade de Deus tem prazer no prazer do seu povo. Eu gostaria de poder ensinar os filhos de Deus a saberem disso. Há muito tempo nos tem sido ensinado à exaustão que, se formos felizes, Deus ficará preocupado conosco. Acreditamos que ele nunca se sente muito satisfeito se estamos felizes. Mas o ensino estrito e verdadeiro da Palavra é que Deus se agrada do prazer do seu povo, desde que seu povo se agrade de Deus.

> Falarei da bondade do SENHOR, dos seus gloriosos feitos, por tudo o que o SENHOR fez por nós, sim, de quanto bem ele fez à nação de Israel, conforme a sua compaixão e a grandeza da sua bondade. "Sem dúvida eles são o meu povo", disse ele; "são filhos que não me vão trair"; e assim ele se tornou o Salvador deles. Em toda a aflição do seu povo ele também se afligiu, e o anjo da sua presença os salvou. Em seu amor e em sua misericórdia ele os resgatou; foi ele que sempre os levantou e os conduziu nos dias passados. (Isaías 63.7-9)

Deus se compraz no prazer de seus amigos e sofre junto a eles. Não encontra prazer algum no sofrimento de seus inimigos. "[...] Juro pela minha vida, palavra do Soberano, o SENHOR, que não tenho prazer na morte dos ímpios, antes tenho prazer em que eles se desviem dos seus caminhos e vivam [...]" (Ezequiel 33.11). Deus nunca menospreza ninguém, nem se regozija ao ver alguém se contorcendo, tal o seu desconforto. Se Deus tem de punir, não se alegra por isso. "Não tenho prazer na morte dos ímpios."

Segundo o Antigo Testamento, misericórdia tem significados determinados: curvar-se para alguém que lhe é inferior, ter piedade e ser ativamente compassivo. A língua inglesa já contou com forma verbal que remetia à ideia de compaixão, mas ela caiu em desuso — talvez por não termos mais o conceito. Deus "se compadece" ativamente dos homens sofredores — gosto muitíssimo disso. Deus sentir compaixão a certa distância é uma coisa, mas Deus se compadecer ativamente das pessoas é outra bem diferente. Leia o que a Palavra de Deus diz sobre o assunto:

> [...] Os israelitas gemiam e clamavam debaixo da escravidão; e o seu clamor subiu até Deus. Ouviu Deus o lamento deles e lembrou-se da aliança que fizera com Abraão, Isaque e Jacó. Deus olhou para os israelitas e viu a situação deles. (Êxodo 2.23-25)

Isso está no fim do capítulo 2 de Êxodo. O capítulo 3 começa com a sarça ardente e segue até o comissionamento de Moisés para libertar Israel do Egito.

Ao exercer compaixão ativa sobre esse povo, Deus fez quatro coisas: ouviu-lhes os gemidos; lembrou-se de sua aliança; viu-lhes os sofrimentos e se compadeceu deles; e imediatamente se mexeu com o intuito de auxiliá-los. A mesma coisa acontece no Novo Testamento, onde consta o relato de que nosso Senhor Jesus, ao ver a multidão, "teve compaixão deles, porque eram como ovelhas sem pastor" (Marcos 6.34). Ele disse aos discípulos: "[...] 'Deem-lhes vocês algo para comer' [...]" (6.37). Isso é ser ativamente compassivo.

Muita gente demonstra enorme misericórdia quando está na cama, em sua linda sala de estar, dentro de seu carro novo. Tem compaixão (substantivo), mas nunca "se compadece" (verbo). São pessoas que leem algo no jornal sobre o sofrimento de alguém e dizem: "Oh, que coisa horrível! A pobre família foi expulsa de casa por um incêndio e agora estão todos no olho da rua, sem ter para onde ir". Em seguida, ligam o rádio e passam a ouvir um programa qualquer. São compassivas

— por um minuto e meio —, mas não "se compadecem"; ou seja, nada fazem a respeito. Mas a compaixão de Deus o leva a "se compadecer" ativamente. Foi o que ele fez ao enviar Moisés para libertar os filhos de Israel.

Um fato acerca de misericórdia de Deus: ela *nunca teve um início de existência*. Já ouvi falar de homens duros de coração e sem consideração, mas eles começaram a ser estimulados, e a misericórdia desabrochou do interior deles. No caso de Deus, isso nunca aconteceu. Ele nunca se entregou à letargia sem sua compaixão. A misericórdia divina simplesmente é o que Deus é — incriada e eterna. Ela nunca passou a ser, pois sempre foi. Céu e terra ainda não tinham sido feitos, as estrelas ainda não haviam sido formadas e todo o espaço de que os homens tanto falam hoje em dia era só uma ideia na mente divina. Deus era tão misericordioso então quanto agora. E não só a misericórdia nunca passou a existir, como a misericórdia de Deus também nunca foi mais do que é hoje.

Os cientistas nos falam da existência de corpos celestiais que desapareceram em uma grande explosão há tantos anos-luz que ainda levará milhares de anos terrestres para que a luz deles pare de brilhar. Ela continua vindo, apesar de sua fonte ter deixado de existir há muito tempo. E existem estrelas que resplandecem e, então, diminuem o próprio brilho outra vez. Mas a misericórdia divina nunca foi mais do que é hoje pela simples razão de que ela é infinita, e tudo que é infinito não pode ser menos do que é, nem mais do que é. Sua condição é de ser infinito, irrestrito, ilimitado; não tem medidas de nenhum lado. Medidas são dados criados, e Deus é incriado.

A misericórdia de Deus nunca foi mais do que é hoje e nunca será menos do que é hoje. Não imagine que, quando o dia do juízo chegar, Deus a desligará como o Sol que entra atrás de uma nuvem, ou como você fecha uma torneira. Não pense nem por um instante que ela cessará de existir. A misericórdia de Deus nunca será menos do que é hoje porque o infinito não pode deixar de ser infinito, e o perfeito não admite uma imperfeição. De novo, nada que acontece pode aumentar ou diminuir a misericórdia divina, ou lhe alterar a qualidade.

Como exemplo, a cruz de Cristo. Quando Jesus morreu na cruz, a misericórdia de Deus não se tornou maior em nada. Nem poderia, pois já era infinita. Temos a estranha noção de que Deus está demonstrando misericórdia porque Jesus morreu. Não — Jesus morreu porque Deus está demonstrando misericórdia. Foi a misericórdia de Deus que nos deu o Calvário, não o Calvário que nos deu a misericórdia. Se Deus não tivesse sido misericordioso, não teria havido a encarnação, nem bebê na manjedoura, nem homem nenhum sobre uma cruz, nem um túmulo aberto.

Deus tem misericórdia suficiente para envolver o Universo inteiro em seu coração, e nada que alguém faça seria capaz de diminuí-la. Alguém pode se retirar de debaixo dela e se afastar, como fizeram Israel e Adão e Eva por algum tempo, como têm feito as nações do mundo, como fizeram Sodoma e Gomorra. Podemos deixá-la inoperante para nós por causa da nossa conduta, uma vez que somos agentes morais livres. Mas isso não muda ou diminui o poder da Palavra e a misericórdia de Deus. Tampouco lhe altera a qualidade.

A intercessão de Cristo à mão direita do Pai não aumenta a misericórdia divina para com seu povo. Se Deus já não fosse misericordioso, não existiria intercessão alguma de Cristo à mão direita do Pai. E, se Deus é misericordioso, ele o é infinitamente.

Não há como a mediação de Jesus à mão direita do Pai fazer a misericórdia de Deus ser mais do que é hoje.

Nenhum atributo divino é maior que qualquer outro. Achamos que sim. Mas, como todos os atributos de Deus nada mais são que Deus, é impossível para qualquer coisa em Deus ser maior do que outra coisa qualquer em Deus. Isso é boa teologia. Não há como derrubar essa afirmação em um debate; ela é verdadeira.

No entanto, determinados atributos divinos podem ser mais necessários em momentos variados. Por exemplo, quando o bom samaritano ia passando e viu caído no chão um sujeito espancado por assaltantes, o atributo mais necessário no momento era a misericórdia. O pobre homem precisava de alguém que "se compadecesse" dele. Assim, o bom samaritano apeou de seu animal, aproximou-se e "se compadeceu" dele. Era do que o homem necessitava naquele instante.

Por isso, a misericórdia de Deus é tão maravilhosa para o pecador que volta ao lar, a ponto de ele querer escrever sobre a experiência e falar a respeito dela pelo resto da vida. Era do que ele tinha necessidade desesperada no momento. Cantamos: "Maravilhosa graça, quão doce o som". No entanto, a graça de Deus em nada é maior que a justiça ou a santidade de Deus. Para pessoas como eu e você, contudo, é do que temos necessidade mais desesperada. O indiferente da história não é Deus; somos nós. Você poderia ir para o céu e dizer a um anjo: "A misericórdia de Deus não é maravilhosa?". Ele saberá que sim, mas não o compreenderá do mesmo modo que nós.

Charles Finney disse em seu grande hino: "Tais criaturas ao redor do trono nunca, jamais conheceram um mundo pecador como o nosso". Não podem avaliar o amor e a misericórdia de Deus como nós. Falam da santidade, do juízo e da justiça de Deus, e cantam para ele: "[...] verdadeiros e justos são os teus juízos" (Apocalipse 16.7). Porque nunca conheceram o pecado. Portanto, não têm necessidade de misericórdia como você e eu.

Deus é igual a si próprio sempre. Mas, quando você está em apuros, precisa de determinados atributos mais que de outros. No consultório de um médico, preciso de piedade. Quero ajuda. Observo os diplomas dele pendurados na parede e sei de sua formação profissional. Mas só quero que seja gentil comigo, porque sempre sinto medo quando procuro um médico. Quando nos achegamos a Deus, nossa necessidade determina quais de seus atributos celebraremos naquele momento. E teremos mil deles para celebrar.

A operação da misericórdia de Deus

O juízo de Deus é a sua justiça confrontando a injustiça e a iniquidade morais. Quando a justiça vê a iniquidade, o juízo se faz presente. A misericórdia é a bondade de Deus confrontando a culpa e o sofrimento humanos. Quando a bondade divina confronta a culpa e o sofrimento humanos, Deus ouve, presta atenção, e o balido da ovelha entra em seu ouvido; o gemido do bebê chega ao seu coração; o clamor de Israel sobe até seu trono. A bondade divina de Deus está confrontando o sofrimento e a culpa humanos, e isso é misericórdia.

Todos os homens são beneficiários da misericórdia de Deus. Nem por um instante, pense que a misericórdia começou a operar a partir do momento em que você se arrependeu e retornou do cercado dos porcos para a casa do Pai. Nada disso; ela já estava em operação o tempo todo.

Lamentações 3.22 ensina: "As misericórdias do SENHOR são a causa de não sermos consumidos, porque as suas misericórdias não têm fim" (*NAA*). Lembre-se, então, de que, se não contasse com a misericórdia do Senhor o tempo todo, debruçando-se sobre sua vida em piedade, retendo o juízo, você teria perecido muito tempo antes. O cruel ditador é beneficiário da misericórdia de Deus. O assassino perverso é beneficiário da misericórdia de Deus. E o coração mais obscuro a chafurdar no lamaçal mais baixo do país é beneficiário da misericórdia de Deus. Isso não significa que serão salvos ou convertidos, ou que no fim chegarão ao céu. Mas significa que Deus retarda sua justiça porque tem misericórdia. Espera porque um Salvador morreu. Todos somos beneficiários da misericórdia de Deus.

Você pode querer saber: "Quando sou perdoado, purificado, liberto, isso não é misericórdia de Deus?". Com certeza, é a misericórdia de Deus em sua vida. Mas, durante o tempo todo em que você pecou contra ele, Deus teve piedade de você. "O Senhor [...] não [quer] que ninguém pereça [...]." (2Pedro 3.9.) Romanos 2.4 diz: "Ou será que você despreza as riquezas da sua bondade, tolerância e paciência [...]?". Ele espera. Deus seria capaz de pegar o mundo e esprêmê-lo entre os dedos como uma criança conseguiria fazer com um ovo de passarinho, tirando-o de uma vez por todas da cabeça, se não fosse o fato de ele ser um Deus misericordioso. Ele vê as nossas lágrimas e ouve os nossos gemidos em todo o seu amor e misericórdia. Tem consciência do nosso sofrimento aqui embaixo.

Todos os homens são beneficiários da misericórdia de Deus, mas o Senhor postergou a execução, só isso. Quando a justiça divina confronta a culpa humana, é expedida uma sentença de morte, mas a misericórdia de Deus — porque também é um atributo divino não contradizer o outro, mas trabalhar em conjunto com ele — posterga a execução.

A misericórdia não pode cancelar o juízo fora da expiação. Quando a justiça depara com a iniquidade, deve haver julgamento. Acontece que a misericórdia levou Cristo para a cruz. Não afirmo compreender isso. Vivo feliz com o que sei e deleitosamente feliz com o que não sei.

Não tenho uma ideia exata do que aconteceu naquela cruz; só sei que ele morreu. Deus, o todo-poderoso Criador, morreu pelo pecado do homem, a criatura. Sei que Deus deu as costas para aquele santo, santo, santo Filho do homem. Sei que ele entregou o espírito e morreu. Sei que no céu consta o registro da expiação por toda a raça humana. Sei disso! E mesmo assim não sei por quê, nem o que houve.

Só sei que, em sua infinita bondade e sabedoria, Deus arquitetou um plano pelo qual a segunda pessoa da Trindade, encarnada como homem, pudesse morrer a fim de satisfazer a justiça, enquanto a misericórdia resgatava o homem por quem ela, a segunda pessoa da Trindade, morrera.

Isso é teologia cristã. Seja qual for sua denominação, é baseado nisso que você deseja ir para o céu. Não pode fazê-lo tendo como fundamento *spirituals* e hinos entoados por corais e livros baratos, mas pode ir para o céu alicerçado na misericórdia de Deus em Cristo. É o que a Bíblia ensina. Justificação significa que a misericórdia e a justiça colaboraram de tal modo que, quando Deus se volta e vê a iniquidade e, depois, percebe o iníquo correndo para a cruz, ele não mais enxerga a iniquidade, e sim a justificação. Assim, somos justificados pela fé.

O sofrimento de Deus

Eu disse anteriormente que Deus se agrada no prazer do seu povo e sofre em conjunto com seus amigos. "Em toda a aflição do seu povo ele também se afligiu [...]" (Isaías 63.9). Se você for um bom e rígido pensador, talvez pergunte: "Como pode um Deus perfeito sofrer?". Sofrimento significa a existência de desordem em algum lugar. Você não sofre desde que conte com ordem psicológica, mental e física; quando a desordem se instala, você sofre.

Desde que esteja declarado na Bíblia, você deve aceitar pela fé e dizer: "Pai, eu creio". Então, por crer, tenta compreender. E, se puder compreender, agradeça a Deus; seu pequeno intelecto é capaz de experimentar grande alegria regozijando-se em Deus.

Contudo, se você lê a Bíblia e seu intelecto não consegue entender, então só existe uma coisa a fazer, que é levantar os olhos e dizer: "[...] 'Ó Soberano SENHOR, só tu o sabes'" (Ezequiel 37.3). Há uma quantidade assustadora de coisas que não sabemos. O problema dos evangélicos é sabermos demais! Somos habilidosos demais; temos respostas demais. Procuro o camarada capaz de dizer: "Não sei, mas, oh, Senhor, só tu o sabes". Eis um detentor de sabedoria espiritual.

Mas, afinal, como Deus pode sofrer? Sofrimento parece indicar uma imperfeição; contudo, sabemos que Deus é perfeito. Sofrimento parece indicar alguma perda ou falta; contudo, sabemos que Deus não pode sofrer perda alguma nem pode lhe faltar nada porque ele é infinitamente perfeito em todo o seu ser. Não sei explicar uma coisa dessas. Só sei o que a Bíblia declara: Deus sofre com seus filhos e, em toda aflição por que eles passam, o Senhor se aflige. Em seu amor e misericórdia, leva-os consigo e lhes prepara a cama quando estão enfermos. Sei disso, mas não sei como.

Um grande teólogo das antigas certa vez disse: "Não rejeite um fato porque você desconhece um método". Não diga que não é assim porque você não sabe como. Há muita coisa que não se consegue explicar. Se você chegar para mim e me perguntar o como das coisas, eu lhe farei 25 perguntas, uma atrás da outra, sobre você mesmo — seu corpo, sua mente, seu cabelo, sua pele, seus olhos, seus ouvidos. Você não terá capacidade de responder a nenhuma delas. Todavia, usa todas essas coisas, mesmo sem as compreender. Não sei como Deus pode sofrer. Eis um mistério que talvez eu nunca chegue a desvendar.

Muitos autores que deveriam estar ocupados aparando a grama, em vez disso compuseram hinos. Um deles diz o seguinte: "Eu me pergunto por quê, eu me pergunto por que ele tanto me amou. Amarei e orarei para que eu possa saber por que ele tanto me amou". Isso é coisa que você jamais saberá. Só existe uma resposta para por que Deus o amou: porque Deus é amor. Como só existe uma resposta para por que Deus tem misericórdia de você: porque ele é misericórdia, e a misericórdia é um atributo da Divindade. Não pergunte a Deus por quê. Em vez disso, agradeça-lhe o vasto e maravilhoso como e o fato em si.

Quero agora fazer uma pequena paráfrase de uma quadra escrita por Faber acerca de como é possível que Deus sofra:

> Como podes sofrer, ó meu Deus,
> E seres o Deus que tu és
> É obscuro para minha mente,
> Mas luz do sol ao meu coração.

Não sei como Deus faz isso, mas sei que se entristece quando estou enfermo e sofre comigo quando me sinto miserável. Também sei que ele cuidará do meu conforto pelo tempo que durar o meu mal, pois seu nome é bondade e misericórdia.

A proximidade da misericórdia de Deus

A proximidade da misericórdia de Deus é "como um pai [que] tem compaixão de seus filhos" (Salmos 103.13). Depois da Primeira Guerra Mundial, os Estados Unidos, com seu coração generoso, doaram grandes somas de dinheiro aos órfãos deslocados da Europa. Acontece que não havia recursos suficientes para suprir-lhes as necessidades. Em um dos lugares que estavam recebendo os órfãos, um homem muito magro, de grandes olhos extraordinariamente brilhantes, faces encovadas e braços finos, entrou conduzindo atrás de si uma menininha. Ela também dava sinais de desnutrição — olhos grandes e brilhantes demais, a barriguinha dilatada, pernas e braços pequenos e finos demais para a idade.

O homem a puxou para dentro e disse para o encarregado:

— Gostaria que vocês ficassem com minha menina.

Perguntaram se era sua filha, e ele respondeu:

— Sim, é.

— Bem — disseram —, sentimos muitíssimo, mas nossa regra aqui é que só órfãos de pai e mãe podem receber ajuda. Se um dos pais está vivo, não podemos assumir a responsabilidade pelo simples fato de que não temos o bastante. Há um número excessivo de órfãos de pai e mãe para aceitarmos alguém que conta com um dos pais.

O homem baixou o olhar para a filha, que voltou o rosto para cima com ar de indagação, os olhos muito grandes e brilhantes. Ele, então, se virou e disse para a pessoa que o atendia:

— Bem, sabe, não estou podendo trabalhar. Estou doente. Sofri sérios maus-tratos. Fui preso. Quase morri de fome e agora estou velho e sem condições de trabalhar. Mal consigo me arrastar por aí. Mesmo assim, eu a trouxe para vocês tomarem conta dela.

— Sentimos muito — repetiram —, mas não há nada que possamos fazer.

Ele retrucou:

— Quer dizer que, se eu estivesse morto, vocês acolheriam minha menina, lhe dariam de comer e ela poderia viver, ter roupas e um lar?

— Sim — responderam.

O homem, então, puxou o corpinho esquelético da filha para junto do seu, abraçou-a com força e a beijou. Em seguida, pôs a mão dela na mão do homem sentado à escrivaninha e disse:

— Pode deixar que resolverei o problema.

Então, saiu da sala e se suicidou.

Ouvi essa história anos atrás e ainda não me recuperei. Continuo com a imagem mental do homem doente demais para trabalhar e impedindo a filha de receber comida e roupas decentes. Até que ele disse: "Pode deixar que resolverei o problema". E assim o fez. Isso é misericórdia — como um pai se compadece dos filhos, assim o Senhor se compadece dos que o temem.

Jesus disse: "[...] 'O Filho do homem está para ser entregue nas mãos dos homens. Eles o matarão [...]' " (Marcos 9.31). Pedro declarou: "[...] Isso nunca te acontecerá!" (Mateus 16.22). Mas, na verdade, Jesus estava ensinando: "Se não for assim, vocês não terão vida". E, então, partiu não para se matar, mas para se colocar em posição em que pudessem matá-lo. A misericórdia demonstrava compaixão da única maneira que lhe era possível no momento: morrendo. Cristo Jesus, nosso Senhor, morreu naquela cruz porque nos amou e teve piedade de nós — como um pai tem compaixão de seus filhos.

Nossa resposta à misericórdia de Deus

Os que recebemos misericórdia precisamos demonstrar misericórdia. Temos de orar para que Deus nos ajude a manifestá-la. Somos beneficiários dela; devemos demonstrá-la. Essa misericórdia só pode acontecer via expiação. A misericórdia só opera em nós por causa da expiação. Mas a expiação já foi feita.

Um hino escrito com base no livro de Hebreus diz:

> Onde altaneiro se ergue o santuário celestial,
>
> A casa de Deus não feita por mãos,
> O grande Sumo Sacerdote de nossa natureza se reveste,
> O Guardião da humanidade aparece.
>
> Embora hoje assumpto aos céus,
> Volta para a terra o olhar de irmão.
> Participante do título de humano,
> Conhece a fragilidade da nossa constituição.
>
> Nosso Amigo sofredor conserva hoje
> Sentimento semelhante a nossas dores,
> E ainda se lembra, lá nos céus,
> De suas lágrimas, agonias e súplicas.
>
> De cada angústia que despedaça o coração
> O Homem de Dores tem parte.
> Ele simpatiza com nossa dor
> E ao sofredor envia alívio.

Com ousadia, portanto, junto ao trono
Façamos conhecidas todas as nossas dores
E peçamos o socorro do poder celestial
Que nos ajude na hora da aflição.

Que maravilha isso! Nosso grande Sumo Sacerdote, guardião da humanidade, se reveste da nossa natureza perante o trono de Deus. Se você subisse, se aproximasse do trono e Deus lhe permitisse olhar — apesar de eu desconhecer como contemplar visão tão impressionante —, haveria criaturas que você não seria capaz de identificar. Estranhas criaturas estariam diante do trono, com quatro rostos e "seis asas: com duas cobriam o rosto, com duas cobriam os pés e com duas voavam" (Isaías 6.2). Você veria anjos estranhos, como aconteceu com Abraão, e como Jacó os viu subindo e descendo uma escada. Você não conseguiria identificá-los por nunca ter visto um anjo. Imagino que existem outras criaturas naquele lugar; leio acerca delas em Daniel e Apocalipse.

Mas sei que, à medida que se aproximasse do trono, você reconheceria uma ordem entre os seres. "Olhem, olhem, isso eu reconheço!", exclamaria. "Estou familiarizado com essa forma; essa eu conheço! Trata-se de um homem, com duas pernas embaixo, e dois braços; é um homem!"

"O grande Sumo Sacerdote de nossa natureza se reveste, o Guardião da humanidade aparece." Mesmo você talvez sendo um perfeito estranho entre essas estranhas criaturas, haveria um Ser que você conheceria. E diria: "Cresci entre eles; conheço-os; tenho os visto passarem pela rua; vi-os pequenos e grandes, negros e amarelos e vermelhos. Sei que isso é um homem".

Ele, então, sorriria do trono, pois, "embora hoje assumpto aos céus, volta para a Terra o olhar e irmão. Participante do título de humano, conhece a fragilidade da nossa constituição".

Não tenha pena de si mesmo. Não tenha medo de contar seus problemas para Deus. Ele sabe tudo sobre seus problemas. Um pequeno cântico diz: "Ninguém conhece os problemas que tenho vivido". Na verdade, existe alguém que os conhece muito bem. O "Amigo sofredor" conserva hoje sentimento semelhante aos nossos em relação às dores que experimentamos e ainda se lembra no céu das próprias lágrimas, agonias e súplicas, apesar de hoje estar à mão direita do Pai todo-poderoso, coroado em glória, à espera, claro, do grande dia da coroação que ainda está por vir. Mesmo ele estando lá, e mesmo ouvindo bradarem à sua volta "Digno é o Cordeiro" (Apocalipse 5.12), não se esqueceu de nós, nem dos pregos nas mãos, das lágrimas, das agonias e das súplicas.

Ele sabe tudo a seu respeito. Ele sabe! Ele sabe quando o médico odeia lhe contar o que há de errado com você, e seus amigos vêm e tentam encorajá-lo de um jeito nada natural. Ele sabe!

> Com ousadia, portanto, junto ao trono
> Façamos conhecidas todas as nossas dores
> E peçamos o socorro do poder celestial
> Que nos ajude na hora da aflição.

"A misericórdia de Deus é um oceano divino, uma torrente ilimitada e imensurável." Mergulhemos na misericórdia dele e aprendamos a conhecê-la. Espero que você creia nisso, porque necessitará dessa misericórdia desesperadamente, se ainda não o faz. A misericórdia de Deus em Cristo Jesus — amém e amém!

CAPÍTULO 6

A graça de Deus

Porém Noé achou graça diante do Senhor. (Gênesis 6.8, *ARA*)

Disse o Senhor *a Moisés: Farei também isto que me disseste; porque achaste graça aos meus olhos, e eu te conheço pelo teu nome.* (Êxodo 33.17, *ARA*)

Ele zomba dos zombadores, mas concede graça aos humildes. (Provérbios 3.34)

Todos recebemos da sua plenitude, graça sobre graça. Pois a Lei foi dada por intermédio de Moisés; a graça e a verdade vieram por intermédio de Jesus Cristo. (João 1.16,17)

Sendo justificados gratuitamente por sua graça, por meio da redenção que há em Cristo Jesus. (Romanos 3.24)

[...] Porque, se muitos morreram pela ofensa de um só, muito mais a graça de Deus e o dom pela graça de um só homem, Jesus Cristo, foram abundantes sobre muitos! (Romanos 5.15, *NAA*)

Para o louvor da sua gloriosa graça, a qual nos deu gratuitamente no Amado. Nele temos a redenção por meio de seu sangue, o perdão dos pecados, de acordo com as riquezas da graça de Deus. (Efésios 1.6,7)

O Deus de toda a graça, que os chamou para a sua glória eterna em Cristo Jesus [...]. (1Pedro 5.10)

Como explicado anteriormente, o atributo se define como algo que Deus *é*, não que ele *tem*. Portanto, Deus é graça.

O significado desse atributo se aproxima, mas não se iguala, ao da misericórdia. Como a misericórdia, que flui da bondade de Deus, também a graça flui de sua bondade.

A graça flui da bondade de Deus

Contudo, a misericórdia é a bondade divina em confronto com a culpa humana, ao passo que a graça é sua bondade em confronto com o demérito humano. (Existe diferença entre inexistência de mérito e demérito. *Inexistência de mérito* indica apenas uma carência; *demérito* quer dizer que, além da inexistência de mérito, o oposto do mérito se faz presente.) Quando a justiça confronta uma situação moral, sentencia morte; a desaprovação divina chega ao ponto da condenação. Deus tem de se opor ao homem, pois o homem se apresenta acompanhado de seu pecado; a justiça deve julgar. Ainda assim, a bondade divina anseia por derramar bênção até sobre quem não a merece, mas tem um demérito específico. Essa bênção é a graça.

Graça é o prazer perfeito de Deus e o que ele é. Tenho dito vezes e mais vezes que um dos grandes problemas da Igreja reside na perda do conceito apropriado de como é Deus. Se conseguíssemos restaurá-lo, teríamos um exército de pregadores saindo por toda a terra e pregando sobre como é Deus. Pastores e pregadores recomeçariam a contar às pessoas como é Deus. Isso colocaria força e fundamento debaixo da nossa fé outra vez.

Graça é aquilo em Deus que põe debaixo de favor alguém em desfavor por causa da justiça. Na verdade, coloco-me muito próximo às definições hebraica e grega. Por acaso, a Bíblia em inglês costuma fazer uso intercambiável de graça e favor. O Antigo Testamento fala quatro vezes mais em misericórdia que o Novo. Por estranho e maravilhoso que pareça, no entanto, o Novo Testamento fala mais de três vezes mais sobre graça do que o Antigo.

"[...] a graça e a verdade vieram por intermédio de Jesus Cristo" (João 1.17). Cristo é o canal por onde a graça flui. Pode-se interpretar isso errado. Criamos a impressão de que Moisés só conhecia a Lei, e Cristo, apenas a graça. Eis o ensino característico da nossa época, mas não corresponde ao dos nossos pais. Você não o encontrará em John Bunyan, John Owen, Henry Scougal ou em nenhum dos puritanos. Nem mesmo em Calvino. Tampouco entre os grandes promotores de avivamento, entre os pais da Igreja ou entre os reformadores.

Pensar que, pelo fato de a Lei ter sido dada por seu intermédio, Moisés desconhecia por completo a graça é interpretar errado o versículo. Gênesis 6.8 diz: "[...] Noé achou graça diante do SENHOR" (*ARA*). Ou seja, antes da Lei. Depois que ela foi dada aos homens, depois de Moisés passar 40 dias e 40 noites em cima do monte, de Deus estender a mão no meio do fogo e da tempestade e com o dedo gravar os Dez Mandamentos nas tábuas de pedra, está escrito: "[...] achaste graça aos meus olhos, e eu te conheço pelo teu nome" (Êxodo 33.17, *ARA*).

Deus não lidou com Moisés baseado na Lei. Lidou com ele baseado na graça. Moisés sabia disso e assim se manifestou: "Agora, pois, se achei graça aos teus olhos, rogo-te que me faças saber neste momento o teu caminho, para que eu te conheça e ache graça aos teus olhos [...]" (33.13, *ARA*).

Como poderia ser possível que Deus agisse apenas segundo a Lei no Antigo Testamento e só pela graça no Novo Testamento se ele não muda? Se considerarmos a imutabilidade um atributo divino, então Deus deve agir sempre de acordo consigo mesmo. A graça não flui e reflui como a maré; não chega como o temporal. Deus tem sempre de agir como ele mesmo — antes e depois do Dilúvio, quando a Lei foi dada aos homens e depois que isso aconteceu. Graça é atributo divino, ou seja, algo que Deus é; algo que não lhe pode ser removido enquanto Deus continua sendo Deus. A graça sempre esteve presente no coração divino, e não há maior medida dela do que jamais houve, como nunca haverá mais graça do que existe hoje.

Graça: o único meio de salvação

Aqui vão duas verdades importantes. (Quero que você as assimile bem e, da próxima vez que ouvir um professor ou um pregador falar algo diferente, vá até ele e trate de lembrá-lo disso.) A primeira verdade: ninguém nunca foi salvo no passado, ninguém é salvo hoje e ninguém jamais será salvo, a não ser pela graça. Antes de Moisés, ninguém nunca foi salvo, a não ser pela graça. Nos dias de Moisés, ninguém nunca foi salvo, a não ser pela graça. Depois de Moisés e antes da cruz, depois da cruz e desde que aconteceu a cruz, durante toda essa dispensação, durante qualquer dispensação, em qualquer lugar, em qualquer tempo desde que Abel ofereceu seu primeiro cordeiro diante de Deus sobre um altar fumegante — ninguém nunca foi salvo de nenhuma outra forma que não pela graça.

A segunda verdade: a graça sempre vem por Jesus Cristo. A Lei foi dada por intermédio de Moisés, mas a graça veio por Jesus Cristo. Isso não significa que não houvesse graça nenhuma antes de Jesus nascer de Maria. Deus tratou pela graça com a humanidade, olhando à frente, para a encarnação e morte de Jesus antes que Cristo viesse. Hoje, como ele veio e partiu para estar à direita do Pai, Deus olha para trás, para a cruz, como também nós o fazemos. Todo mundo, de Abel em diante, foi salvo olhando à frente para a cruz. A graça veio por Jesus Cristo. Todos os que têm sido salvos desde a cruz são salvos contemplando-a ao olhar para trás.

A graça sempre vem por intermédio de Jesus Cristo. Ela não chegou no nascimento dele, mas, sim, no velho plano traçado por Deus. Graça nenhuma foi ministrada a ninguém, exceto por Jesus Cristo e com sua mediação. Na época em que Adão e Eva ainda não tinham filhos, Deus os poupou por graça. E, quando já contavam com seus dois meninos, um imolou um cordeiro e disse: "Vejo à frente o Cordeiro de Deus". Ele aceitou a graça de Cristo Jesus milhares de anos antes que o Messias nascesse, e Deus lhe serviu de testemunha de sua justificação.

A graça não chegou quando Cristo nasceu em uma estrebaria. Nem quando ele foi batizado ou ungido pelo Espírito. Ela não chegou quando ele morreu em uma cruz; nem quando ressuscitou dentre os mortos. Não chegou quando ele foi se postar à direita do Pai. A graça veio desde os primórdios por meio de Jesus Cristo, o Filho eterno, tendo sido manifesta na cruz do Calvário em sangue, lágrimas, suor e morte abrasadores. Mas desde o início esteve e está em operação. Se Deus não tivesse agido em graça, teria destruído a raça humana de uma vez por todas. Teria esmagado Adão e Eva debaixo de seu calcanhar em terrível julgamento, pois o mereciam.

Contudo, por ser um Deus de graça, ele já tinha uma eternidade planejada — o plano da graça: "[...] [o] Cordeiro que foi morto desde a criação do mundo" (Apocalipse 13.8).

Não houve empecilho algum no projeto divino; Deus não precisou recuar e dizer: "Sinto muito, mas fiz uma pequena confusão aqui". Ele simplesmente seguiu adiante.

Todo mundo recebe a graça divina em alguma medida: a mulher mais vil do mundo; o homem mais pecador e sanguinário do mundo; Judas; Hitler. Não fosse por Deus ser gracioso, eles teriam sido extirpados e mortos, como também você, eu e os demais. Duvido que haja grande diferença entre nós, pecadores, afinal de contas.

Quando alguém varre a casa, parte da poeira que recolhe é preta, parte é cinza, parte tem coloração mais clara, mas é tudo sujeira removida pela vassoura. Quando olha para a humanidade, Deus enxerga alguns de moral com coloração mais clara, outros com coloração bem escura, alguns que a têm toda manchada, mas é tudo sujeira da mesma forma, a ser removida pela vassoura moral.

Ou seja, a graça de Deus opera em benefício de todos. Mas sua graça salvadora é diferente. Quando a graça divina passa a operar pela fé em Jesus Cristo, dá-se o novo nascimento. Mas ainda assim ela retém todo juízo que sobreviria, até Deus, em sua bondade, ter dado a todo mundo uma oportunidade de arrependimento.

Graça é como Deus é

Graça é a bondade de Deus, a benignidade do coração divino, sua boa vontade, sua benevolência cordial. Ela é como Deus é. Ele é assim o tempo todo. Você nunca deparará com uma camada em que Deus seja duro. Sempre o encontrará gracioso, em todo o tempo e para com todas as pessoas eternamente. Jamais você se defrontará com qualquer crueldade em Deus, com qualquer ressentimento, ou rancor, ou má vontade, pelo simples fato de inexistirem nele. Deus não tem má vontade nenhuma contra qualquer ser. Ele é um Deus de absoluta benignidade e cordialidade, de boa vontade e benevolência. No entanto, tudo isso funciona em perfeita harmonia com a justiça e o juízo divinos. Acredito em inferno, bem como em julgamento. Mas também acredito que existem aqueles aos quais Deus tem de rejeitar por causa da impenitência. Ainda assim, haverá graça. Deus continuará se sentindo gracioso para com todo o seu Universo. Ele é Deus e não pode agir de outra forma.

A graça é infinita, mas não desejo um esforço excessivo da sua parte para compreender a infinitude. Cometi a temeridade de pregar sobre o assunto poucas vezes e me saí bem — pelo menos *eu* me saí bem. Tentemos mensurar a infinitude por nós mesmos, não por Deus. Ele nunca mede nada em si mesmo tendo por parâmetro qualquer outra coisa em si mesmo. Ou seja, Deus nunca quantifica sua graça contrastando-a com sua justiça, ou sua misericórdia em comparação com seu amor. Deus é todo um. Mas ele mensura sua graça tendo por parâmetro o nosso pecado. "[...] a graça de Deus [...] transbordou ainda mais para muitos", diz Romanos 5.15, "de acordo com as riquezas da graça de Deus" (Efésios 1.7). Romanos 5 repete: "[...] onde aumentou o pecado transbordou a graça" (v. 20). Ele diz "transbordou", mas Deus não tem medida. O homem, sim.

Uma das piores coisas que você pode fazer é aplicar testes de QI. Submeti-me a um desses testes quando estava no Exército, e o resultado foi um índice bastante alto. Desde então, passei a vida inteira tentando não ficar me lembrando disso e manter a humildade perante Deus. Penso que fiquei entre os 4% maiores índices de todo o Exército, e, claro, você sabe o que isso pode fazer com uma pessoa. A gente tem de preservar a humildade o tempo todo, e Deus precisa nos castigar a fim de que nos refreemos.

Não há nada, porém, em Deus que se compare a qualquer outra coisa em Deus. O que ele é, ele é! Quando as Escrituras dizem "transbordou a graça", não significa que a graça transborda muito mais que qualquer outra coisa em Deus, mas, sim, em nós. Não importa quanto pecado um homem cometeu, a graça transborda na vida desse homem em sentido literal e verdadeiro.

O velho John Bunyan escreveu a história da própria vida e a chamou — penso que seja um dos melhores títulos já atribuídos a um livro — *Graça abundante ao principal dos pecadores*.[1] O autor cria com toda a sinceridade ser ele o homem com menos direito à graça divina. Graça transbordante! Para os que nos encontramos sob a desaprovação divina, que pelo pecado estamos condenados à insatisfação eterna de Deus e ao banimento de sua presença, a graça é uma plenitude de benignidade e bondade incompreensível e avassaladora em sua imensidão. Se ao menos conseguíssemos nos lembrar dela, não precisaríamos de tanta diversão e entretenimento. Se conseguíssemos nos lembrar da graça de Deus para conosco — os que nada temos, a não ser demérito —, seríamos arrasados por esse imenso e inconcebível atributo, tão vasto, tão enorme que ninguém jamais pode compreender ou acalentar a esperança de entender.

---

[1] BUNYAN, John. **Graça abundante ao principal dos pecadores:** uma autobiografia. São José dos Campos, SP: Fiel, 2013.

Deus nos toleraria todo esse tempo se dispusesse apenas de uma quantidade limitada de graça? Se só tivesse uma quantidade limitada de seja o que for, ele não seria Deus. Não deveria utilizar a palavra "quantidade" porque significa "uma medida", e não se pode medir Deus em sentido algum. Ele não habita em nenhuma dimensão nem pode ser mensurado de maneira alguma. Medidas dizem respeito aos seres humanos, às estrelas.

Explica-se o espaço ocupado pelos corpos celestes e sua relação entre si pela distância. A Lua está a 384 mil quilômetros de distância da Terra. O Sol, a 149 milhões de quilômetros de tudo mais. Deus, por sua vez, nunca dá explicações para ninguém do que é. Sua imensidão e infinitude devem significar que a graça divina deve ter sempre incomensurável plenitude. Cantamos "graça maravilhosa" — ora, claro que ela é maravilhosa! Como compreenderemos a plenitude da graça de Deus?

Como enxergar a graça

Há dois modos de pensar a graça de Deus. Olhando para você mesmo, você vê quão pecador foi e diz: "A graça de Deus deve ser imensa — deve ser grande como o espaço para perdoar um pecador como eu". Esse é um dos modos, um bom modo de pensar — talvez o mais popular.

Existe, porém, outro modo de pensar a graça de Deus. Considere-o como a maneira em que Deus é — levando em consideração que Deus é Deus. Quando ele demonstra graça a um pecador, não está sendo dramático; apenas age como Deus. Jamais ele agirá de algum outro modo, a não ser como Deus. Por outro lado, quando o homem a quem a justiça condenou dá as costas para a graça divina em Cristo e rejeita a possibilidade de se deixar ser resgatado, chega a hora em que Deus deve julgá-lo. E, no momento em que o faz, age como ele próprio ao julgar tal homem. Quando Deus demonstra amor pela raça humana, age como ele mesmo. Quando exerce seu juízo sobre "os [anjos] que não guardaram o seu estado original" (Judas 6, *NAA*), age como ele mesmo.

Sempre Deus age em conformidade com a plenitude de sua natureza absolutamente perfeita e simétrica. Ele sempre experimenta uma abundância de bondade, e isso em harmonia com todos os seus outros atributos. Não há nenhuma frustração nele. Tudo que Deus é, ele o é em completa harmonia, e nada o frustra. Mas tudo isso ele outorga a seu Filho eterno.

Muita gente fala sobre a bondade divina. Depois, exagera no sentimentalismo e diz: "Deus é bom demais para punir seja quem for". Em razão disso, descartam o inferno. Todavia, o homem que tem um conceito adequado de Deus não só crê em seu amor, como também em sua santidade; não só em sua misericórdia, como também em sua justiça. Ao ver o Deus eterno em sua santa e perfeita unicidade, ao ver o único Deus agindo como juiz, você sabe que o homem que escolhe o mal jamais deve habitar na presença desse Deus santo.

Contudo, muita gente tem ido longe demais e escrito livros e poesias que levam todo mundo a acreditar que Deus é bom, amoroso e gentil ao extremo. Deus é tão bom que a infinitude não é capaz de lhe mensurar essa qualidade. Tão amoroso que esse seu atributo chega a ser incomensurável. Acontece que Deus é também santo e justo.

Tenha sempre em mente que a graça de Deus só nos vem por intermédio de Jesus Cristo, canalizada apenas por meio de Jesus Cristo. A segunda pessoa da Trindade abriu o canal, e a graça fluiu. Isso acontece desde o dia em que Adão pecou, passando por todas as épocas do Antigo Testamento, sem que ela jamais flua de nenhum outro modo. Portanto, não convertamos devaneios em poesia sobre a bondade do nosso Pai celestial, que é amor — "amor é Deus, e Deus é amor, e amor é tudo em tudo, e tudo é Deus, e no fim dará tudo certo". Eis o resumo de muito ensinamento dos nossos dias. Trata-se, contudo, de falsa doutrina.

A graça é liberada na cruz

Se desejo conhecer essa graça imensurável, essa bondade impressionante e surpreendente de Deus, tenho de me colocar à sombra da cruz. Preciso estar onde Deus libera graça. Devo contemplá-la ou olhando à frente, ou para trás. De um jeito ou de outro, tenho de olhar para a cruz em que Jesus morreu. A graça fluiu de seu lado ferido. A graça que fluiu da cruz salvou Abel — a mesma graça que salva você hoje. "[...] Ninguém vem ao Pai, a não ser por mim" (João 14.6), afirmou nosso Senhor Jesus Cristo. Pedro disse: "[...] debaixo do céu não há nenhum outro nome dado aos homens pelo qual devamos ser salvos" (Atos 4.12).

A razão para isso, claro, é o fato de Jesus Cristo ser Deus. A Lei pôde ser dada aos homens por Moisés, e só a Lei podia vir por intermédio de Moisés. Mas a graça veio por Jesus Cristo. E desde o princípio. Ela só podia vir por Jesus Cristo porque não havia mais ninguém que, sendo Deus, fosse capaz de morrer. Ninguém mais podia se revestir de carne e ainda ser o Deus infinito. Quando Jesus andou na terra e distribuiu carícias na cabeça dos bebês, perdoou prostitutas e abençoou a raça humana, era ninguém menos que Deus agindo como Deus em cada situação. Em tudo que faz, Deus age como ele mesmo.

Acontece que esse ato único de Jesus, esse ato divino, é também um ato humano. Não poderia ser um feito divino apenas, pois tinha de ser para o homem. Não poderia ser um ato apenas humano, pois só Deus podia salvar. Foi um ato humano e divino. Um feito histórico, praticado uma única vez, executado naquele lugar obscuro, sobre o madeiro — às escondidas, o ato secreto na escuridão, jamais repetido. Foi reconhecido e aceito por Deus, o Pai todo-poderoso, que ressuscitou o Filho dentre os mortos no terceiro dia e o levou para estar à sua mão direita.

Não nos aviltemos, portanto, vulgarizando a redenção. No decorrer da última ou das duas últimas gerações, alguns pregadores populares têm comercializado a redenção. São homens bons, ganharam almas para Cristo — agradeço a Deus por todas que têm sido conquistadas. Mas mesmo ganhando almas para Cristo, mesmo em grandes quantidades, você pode enganar e dar ênfases equivocadas a ponto de começar uma tendência bastante ruim.

Esses pregadores comercializam a redenção oferecendo-nos a doutrina do "pagar um preço". Acredito que Cristo de fato pagou um preço e sou capaz de cantar "Tudo Jesus pagou, tudo a ele devo". Mas não podemos simplificar e ilustrar o ocorrido, ou vulgarizamos a redenção. Não sei como o Senhor fez o que fez. Resta-me apenas observar o vale de ossos secos, como Ezequiel, voltar os olhos para Deus e dizer: "[...] 'Ó Soberano SENHOR, só tu o sabes'" (37.3). Na ocasião, quando o profeta anunciou que Jesus viria e se entregaria como resgate por muitos, não sabia muito bem sobre o que estava escrevendo, de acordo com Pedro (v. 1Pedro 1.10,11). Até anjos testemunharam o momento em que penas deslizaram sobre papéis antiquados para registrar a história do Messias vindouro. Espiando por cima dos ombros dos profetas enquanto escreviam, desejaram observar tudo aquilo mais de perto (v. 1.12). Nem mesmo os seres angelicais que circundam o trono de Deus sabem como o Senhor fez o que fez.

Coisas de que não sabemos

Em segredo, na escuridão, Deus praticou um ato único jamais executado e nunca mais repetido. Porque o fez, sua graça flui para todos os homens. Lembremo-nos de que anjos, profetas e até Paulo disseram: "Não há dúvida de que é grande o mistério da piedade: Deus foi manifestado em corpo, justificado no Espírito, visto pelos anjos, pregado entre as nações, crido no mundo, recebido na glória" (1Timóteo 3.16). Muitos estudiosos sérios e valorosos dirão que a mente de Paulo foi a mais excelente já conhecida na raça humana — exceto, claro, pela mente perfeita de Cristo. Pois essa mente grandiosa nunca tentou compreender a mente de Cristo. Em vez disso, declarou: "Grande é o mistério da piedade". E ponto final.

Somos salvos pelo sangue de Jesus, mas como? Vivemos por sua morte, mas por quê? A redenção aconteceu em sua morte, mas como? Não a vulgarizemos tentando entendê-la. Antes, finquemos o pé, contemplemos a cruz e reconheçamos: "Ó Senhor Deus, tu sabes! Digno é o Cordeiro que foi morto!".

Se anjos podem invejar, veem-nos, pecadores redimidos que somos, e desejam nos observar mais a fundo. Contudo, Deus ordena a esses espíritos que estão diante do trono e são capazes de resistir à glória abrasadora sem, no entanto, ter conhecido um mundo pecaminoso como este: "Vão ajudar o meu povo". Envia-os para atuarem como espíritos ministradores junto aos herdeiros da salvação. Mas nunca lhes dá explicações. Duvido que exista um anjo ou arcanjo em algum lugar do céu que compreenda o que aconteceu lá naquela cruz.

Sabemos que Jesus morreu; sabemos que, porque morreu, não precisamos morrer. Sabemos que ele ressuscitou dentre os mortos, e porque ressuscitou, nós, os que nele cremos, ressuscitaremos também. Sabemos que foi ficar à direita de Deus e sentou-se perfeitamente aprovado em meio às aclamações da multidão celestial. E sabemos que, porque fez isso, lá estaremos com ele. Mas por quê? Deus encerrou esse segredo no próprio e grandioso coração para sempre. A nós cabe apenas professar: "Digno é o Cordeiro".

Apenas creia

Bem, não procuremos entender; creiamos apenas. Aconteceu cem anos antes que a Igreja começasse a tentar explicar a redenção. Cem anos! Os pais nunca pretenderam fazê-lo, nem Paulo, tampouco Pedro. Só sob a influência grega os homens começaram a refletir sobre o assunto e a arquitetar explicações para nos dar. Dou valor a todas elas. Contudo, no que me diz respeito, limito-me e fincar os pés e, olhando para o Senhor, confesso: "Eu não sei, eu nada sei!".

Quanto a saber como ele o fez ou o significado de tudo isso, não sou melhor que um bebê de 2 anos que olha para o rosto da mãe e pergunta:

— Mamãe, como vim parar aqui?

A mãe sorri e responde: — Mais tarde, você saberá.

Ela tem consciência de que o intelecto de seu bebê de 2 anos não entenderá. Penso que, quando indagarmos "Ó Deus, como é isso?", o Senhor não dirá: "Mais tarde, você saberá". Imagino que dirá apenas: "Creia em meu Filho". Pois o que é da terra, ele nos permite conhecer, mas o que é do céu, retém em seu grandioso coração. E o que não revelará aos anjos, talvez não revele também a nós.

Oh, que maravilha a genialidade disso tudo! Pode-se pregar demais sobre o assunto? Pode-se cantá-lo em excesso? Pode-se pregar demais, pode-se insistir demais em tudo isso? Talvez devêssemos parar de nos esforçar para entender e apenas ouvir a história da graça contada pelo Senhor de toda a graça e fonte de toda a misericórdia, em que crê aquele que tem o coração puro:

> [...] "Um homem tinha dois filhos. O mais novo disse ao seu pai: 'Pai, quero a minha parte da herança'. Assim, ele repartiu sua propriedade entre eles. Não muito tempo depois, o filho mais novo reuniu tudo o que tinha e foi para uma região distante; e lá desperdiçou os seus bens vivendo irresponsavelmente. Depois de ter gasto tudo, houve uma grande fome em toda aquela região [...]" (Lucas 15.11-14).

Esse rapaz ingrato, que exigiu sua cota antes da morte do pai, violando assim uma das convenções mais escrupulosas da sociedade humana, vai e pede o emprego de responsável por alimentar porcos — conquanto fosse judeu! As coisas foram de mal a pior, e ele acabou ficando sem nada. No fim, queria alimentar-se da própria lavagem dos porcos. Diziam: "Não mexa nisso — é para os porcos". Mas de algum modo ele sobreviveu.

Então, um dia o rapaz "[caiu] em si" (Lucas 15.17). Até então, agira como se fosse outra pessoa, mas agora caiu em si. Isso é arrependimento! O rapaz, então, pensa em sua casa, no Pai, certo de que ele não mudara. Era o que Jesus estava tentando nos dizer — o Pai não mudou nada.

Muito tempo atrás, com 20 e poucos anos, ouvi dizer que o filho pródigo era um apóstata, mas não foi o que encontrei na leitura do capítulo 15 de Lucas. Ele não podia ser um apóstata e se encaixar tão bem em todas as circunstâncias. Ouvi dizer que era um pecador, mas não consegui ouvir Deus declarar acerca de qualquer pecador: "Este aqui, o meu filho, estava morto e reviveu". Não condizia com as circunstâncias.

Assim me acheguei a Deus e pedi: "Senhor, pode me esclarecer?". Então, procurei um local para me isolar. De repente, raiou em mim o entendimento, e nunca tive motivo para duvidar de que Deus me ensinava sua Bíblia naquela ocasião. Nunca ouvi ninguém dizer a mesma coisa, nem fiz grande alarde pelo ocorrido. Mas Deus disse ao meu coração: *O filho pródigo não é nem um apóstata nem um pecador. O filho pródigo é a raça humana; os homens saíram para o chiqueiro dos porcos em Adão e retornaram em Cristo, meu Filho.*

O evangelho de Lucas traz outras duas parábolas: a da ovelha e a da moeda perdidas. A ovelha que se desgarrou representa a parte da raça humana que seria salva; quando volta, representa a parte da raça humana redimida e que aceita a redenção. Assim, pessoas de todos os povos e cores mundo afora, ao voltarem, voltam em Cristo. E voltam na pessoa do filho pródigo.

Sabe o que elas descobriram a respeito do Pai? Que ele não muda nada, apesar dos insultos, das injustiças e dos vizinhos se apiedando dele e dizendo: "Oh, não é terrível a maneira com que esse rapaz tratou o pobre e velho pai?". Seu pai foi humilhado, envergonhado, entristecido e teve o coração partido, mas não mudara nada quando o rapaz voltou.

Jesus estava nos ensinando: "Em Adão, vocês partiram, mas estão voltando em Cristo. E, quando voltam, descobrem que o Pai não mudou. Continua o mesmo Pai que era quando vocês foram embora, cada qual seguindo o próprio caminho. Quando retornam em Jesus Cristo, descobrem-no exatamente igual a quando o deixaram — inalterado". O Pai, então, correu e envolveu-o nos braços, acolheu-o, vestiu-o e pôs um anel em seu dedo. "[...] este meu filho estava morto e voltou à vida [...]" (15.24), anunciou afinal. Essa é a graça divina. Não vale a pena crer nela, pregar sobre ela, ensiná-la e entoá-la enquanto houver mundo?

Onde a graça está

Se estiver fora da graça de Deus, você sabe onde encontrá-la? Volte os olhos para Jesus, e lá está a graça divina fluindo livremente em sua direção — toda a graça de que você necessita. Se ranger os dentes contra ele, a graça divina pode muito bem não existir para você. E, de igual modo, Cristo talvez não tenha morrido. Mas, se você se entregar a ele e voltar para casa, então toda a plenitude avassaladora e incompreensível da bondade e benignidade existentes na completa e ilimitável extensão da natureza divina estarão do seu lado. Até a justiça fica do lado do pecador que retorna: "[...] ele é fiel e justo para perdoar os nossos pecados [...]" (1João 1.9). Todos os atributos infindos de Deus exultam em uníssono quando um homem crê na graça divina e volta para casa.

OS ATRIBUTOS DE DEUS

Pai, oramos em favor de todos nós no sentido de que leves embora a justiça que nós mesmos nos atribuímos, ainda que dela nos restem apenas traços rotos. Salva-nos de nós mesmos. Permite à graça transbordar do Calvário e ensina-nos que não é pela graça e algo mais, mas só pela graça, sua bondade, sua benignidade em Cristo Jesus. Isso pedimos em nome do Senhor que nos ama. Amém.

CAPÍTULO 7

A onipresença de Deus

Mas será possível que Deus habite na terra? Os céus, mesmo os mais altos céus, não podem conter-te. Muito menos este templo que construí! (1Reis 8.27)

"Sou eu apenas um Deus de perto", pergunta o Senhor, *"e não também um Deus de longe?"* (Jeremias 23.23)

"Deus fez isso para que os homens o buscassem e talvez, tateando, pudessem encontrá-lo, embora não esteja longe de cada um de nós. 'Pois nele vivemos, nos movemos e existimos' [...]." (Atos 17.27,28)

Sempre tenho o Senhor *diante de mim. Com ele à minha direita, não serei abalado.* (Salmos 16.8)

Para onde poderia eu escapar do teu Espírito? Para onde poderia fugir da tua presença? Se eu subir aos céus, lá estás; se eu fizer a minha cama na sepultura, também lá estás. Se eu subir com as asas da alvorada e morar na extremidade do mar, mesmo ali a tua mão direita me guiará e me susterá. (Salmos 139.7-10)

Esses poucos textos com certeza não esgotam o grande manancial de passagens bíblicas que tratam da onipresença divina. Gosto, porém, de explicar a relação das coisas com Deus, por isso quero demonstrar que os ensinamentos das Sagradas Escrituras têm origem na natureza divina. São o que são por Deus ser quem ele é. Estão alicerçados no caráter divino e são garantidos pelos atributos imutáveis do Senhor Deus todo-poderoso, o Ancião de Dias (v. Daniel 7.9, *NAA*).

O que é onipresença

Em rápidas palavras, quero explicar o que é onipresença para depois mostrar o que ela significa para a experiência humana. Que Deus é onipresente faz parte do credo de todas as igrejas que nele creem, claro. Não estou introduzindo nenhuma novidade. Onipresença significa que Deus é "todo-presente". Ele está próximo a (este é o significado do termo — "próximo a, perto de, neste lugar") em toda parte. Ele está junto a tudo e a todos. Aqui e onde quer que você esteja. E, se você lhe perguntar em um ímpeto de raiva: "Ó Deus, onde estás?", logo vem a resposta: "Estou onde você está; aqui; junto a você; estou próximo a todos os lugares". Assim ensina a Bíblia.

Há razão para isso, bem como evidências proporcionadas pelas Escrituras. Se contássemos com elas, não com a razão, ainda creríamos na onipresença de Deus. No entanto, como temos as Escrituras a declará-lo e a razão a bradar: "É verdade, sei que é verdade", podemos ter certeza de que Deus é onipresente. Se houvesse fronteiras capazes de conter Deus, se existisse algum lugar em que ele não estivesse, esse lugar marcaria os confins, ou os limites, de Deus. E, se tivesse limites, ele não poderia ser o Deus infinito. Alguns teólogos chamam essa infinitude de *imensidão* divina, mas a palavra carece de grandiosidade suficiente. *Imensidão* quer dizer apenas que se fala de algo enorme, desmedido. Já *infinitude* assinala a inexistência de um modo de dizer que Deus é grande. Por ele ser infinito, só podemos dizer que não tem tamanho, em absoluto; não há como medir Deus em sentido algum. Ele é infinito e perfeito. Sempre que se tem finitude, tem-se *criação*, não Deus.

O Senhor está igualmente perto de todas as porções do seu Universo. Acertamos ao pensar em Deus e nas coisas espirituais apenas quando descartamos por completo o conceito de espaço. Sendo infinito, Deus não habita no espaço; ele absorve todo o espaço. As Escrituras dizem: "[...] 'Não sou eu aquele que enche os céus e a terra?' [...]" (Jeremias 23.24). Isso soa como se Deus estivesse contido no céu e na terra. Na verdade, ele enche o céu e a terra como o oceano enche um balde submerso à profundidade de mil metros em seu interior. O oceano enche o balde, mas também o envolve em todas as direções. Assim, quando Deus afirma que enche céu e terra, ele assim o faz. Contudo, o céu e a terra estão submersos nele, bem como todo o espaço. "[...] o céu dos céus não o podem conter [...]" (2Crônicas 2.6, *NAA*). Deus não é contido; ele contém. Aqui está a diferença. " 'Pois nele vivemos, nos movemos e existimos' [...]" (Atos 17.28).

Falamos sobre Deus estar junto de nós ou sobre o problema de ele estar distante. Não raciocinamos corretamente porque pensamos em termos geográficos ou astronômicos; em anos-luz, metros, polegadas, quilômetros ou léguas. Pensamos nele como alguém que habita o espaço, o que não acontece. Em vez disso, ele contém o espaço, de modo que o espaço está em Deus. Ele estar em qualquer parte jamais representa um problema porque, como dizem os textos, o fato é que Deus está em toda parte.

Creio no que Deus diz e deixo os problemas a cargo dos que não creem. As Escrituras dizem: "Se eu subir aos céus, lá estás; se eu fizer a minha cama na sepultura, também lá estás" (Salmos 139.8). Não entendo o conceito, mas então me lembro de que John Wesley nos aconselhou a não rejeitarmos algo só porque não o entendemos. A onipresença divina exige que seja onde for que houver qualquer coisa — até no inferno — a presença de Deus tem de existir.

Então, por que o mundo pensa em Deus como alguém a uma distância infinita, ou, como diz a canção, "muito longe, além do céu estrelado"? Quando o mundo ora, em geral o faz sem nenhuma noção da proximidade divina. Deus sempre está em algum outro lugar. Sempre ausente. Por quê?

Nosso distanciamento de Deus

A razão disso é que, em termos espirituais, proximidade e similitude são a mesma coisa. Distanciamento significa disparidade.

Quando se trata de personalidade, quando se trata de estado de espírito, quando se trata do que é imaterial, distância não significa nada. Jesus podia ir para ficar à direita de Deus, o Pai, e ainda dizer ao povo na terra: "[...] E eu estarei sempre com vocês [...]" (Mateus 28.20). Porque ele é Deus, e Deus, sendo espírito, pode estar em toda parte ao mesmo tempo.

Acontece que estamos alienados de Deus — não porque ele esteja longe de nós em termos de espaço, não porque ele esteja distante como uma galáxia ou estrela longínquas, mas porque existe uma disparidade de natureza. Quando pensamos em coisas espirituais, projetamos conceitos próprios de seres humanos sobre elas. Um dos desafios de quem ensina a Bíblia — embora não haja muitos que façam isso — consiste em romper com esses conceitos. Um dos desafios do Espírito Santo — se é que alguma coisa pode desafiá-lo — é tornar seu povo espiritualizado a ponto de não mais pensar em conceitos materiais.

Por exemplo, seus amigos são as pessoas que lhe estão mais próximas. Quanto maior a intimidade com o amigo, maior a probabilidade de que ele esteja muito perto de você. Mas seu inimigo quer impor o máximo de espaço possível entre vocês dois. Por isso, temos a tendência de considerar que nossos amigos estão perto e os inimigos, longe. Pela perspectiva do mundo, quanto mais distante seu inimigo, melhor você estará. Isso acontece porque você raciocina em termos espaciais.

Não é assim que deveríamos pensar acerca de Deus. Não existe lugar a que você possa ir e não encontrar o Senhor. O salmista diz: "Mesmo que eu diga que as trevas me encobrirão, e que a luz se tornará noite ao meu redor, verei que nem as trevas são escuras para ti. A noite brilhará como o dia, pois para ti as trevas são luz" (Salmos 139.11,12). Não existe lugar a que possamos ir, porque "sabes quando me sento e quando me levanto; de longe percebes os meus pensamentos" (v. 2). Não temos o problema do afastamento ou da distância quando nos achegamos a Deus. A presença dele torna nosso ajuntamento uma assembleia cristã.

Duas criaturas podem estar na mesma sala e, ao mesmo tempo, a milhões de quilômetros uma da outra. Por exemplo, se fosse possível colocar um macaco e um anjo na mesma sala, não haveria nenhuma compatibilidade, comunhão, nenhum acordo, nenhuma amizade; ali só existiria distância. O anjo reluzente e o macaco a salivar e produzir sons ininteligíveis estariam muito, mas muito longe um do outro. Quando tratamos de qualquer coisa intelectual, ou espiritual, ou atinente à alma, espaço, matéria, peso e tempo deixam de ter qualquer significado.

Por isso, consigo tolerar os loucos por aventuras espaciais e até sorrir para eles. Tentam nos convencer de que, se você acelerar uma régua de 30 centímetros à velocidade da luz, ela perderá a própria extensão — será reduzida à "estaca zero". Sabia disso? Esperam que essa informação o desconcerte a ponto de você desistir de orar. Em mim não produz esse efeito porque não raciocino em termos espaciais. Não raciocino em termos de velocidade ou distância porque Deus, sendo espírito, está bem aqui. E jamais estará nem um pouco mais distante, como tampouco poderá chegar mais perto do que já está neste exato momento.

A razão pela qual sentimos Deus distante é a existência de uma disparidade entre caracteres morais. Deus e o homem hoje são diferentes. Deus fez o homem à sua imagem, mas o homem pecou e se tornou diferente de Deus em sua natureza moral. E, por ser diferente de Deus, a comunhão está interrompida. Dois inimigos podem se odiar e estar apartados, embora forçados por um instante a permanecer juntos. Existe uma alienação aqui — e exatamente isso a Bíblia chama de incompatibilidade moral entre Deus e o homem.

Deus não está longe em distância, mas parece ser esse o caso porque está distante em caráter. Distingue-se do homem porque este pecou, ao passo que Deus é santo. A Bíblia tem uma palavra para essa incompatibilidade moral, essa disparidade espiritual entre o homem e Deus — alienação.

O livro de Efésios nos revela o que dá ao mundo essa ideia de Deus estar "muito longe, além do céu estrelado":

> Vocês estavam mortos em suas transgressões e pecados, nos quais costumavam viver, quando seguiam a presente

ordem deste mundo e o príncipe do poder do ar, o espírito que agora está atuando nos que vivem na desobediência. Anteriormente, todos nós também vivíamos entre eles, satisfazendo as vontades da nossa carne, seguindo os seus desejos e pensamentos. Como os outros, éramos por natureza merecedores da ira (Efésios 2.1-3).

Então, no capítulo 4, de acordo com a *Nova Versão Transformadora* da Bíblia, lemos:

> Assim, eu lhes digo com a autoridade do Senhor: não vivam mais como os gentios, levados por pensamentos vazios e inúteis. A mente deles está mergulhada na escuridão. Andam sem rumo, alienados da vida que Deus dá, pois são ignorantes e endurecem o coração para ele. Tornaram-se insensíveis, vivem em função dos prazeres sensuais e praticam avidamente toda espécie de impureza (4.17-19).

Esses versículos poderiam descrever Jesus, o Deus encarnado? Jesus, aquele que corresponde com perfeição a tudo que Deus é em caráter? De modo algum! Descrevem o pecador alienado, cuja mente está mergulhada na escuridão. Acaso descrevem o Filho glorioso de Deus — ignorante, teimoso, desavergonhado, entregue a indecências e descontrolado? Evidente que não! Descrevem o oposto exato de Jesus.

Tais versículos mostram que o pecador é tão diferente de Deus que o caráter o distancia dele, não o espaço. Não há um milímetro a separar Deus de um pecador. Todavia, Deus está muito longe de qualquer pecador. Acabo de me contradizer? Em absoluto! Sendo Deus onipresente — próximo a qualquer lugar, junto a todo lugar, a distância aqui é de caráter, não espacial.

Quando o pecador ora: "Ó Deus, salva-me e perdoa-me, por Jesus", não está pedindo a Deus que desça de seu alto trono. *O Senhor já está do lado dele.* Nesse instante, o pecador sabe que Deus está ali. Mas a disparidade de caráter entre ambos faz toda a diferença.

Imagine um homem muito piedoso e um homem mau, licencioso e dissoluto obrigados a se sentarem lado a lado durante uma viagem. Sobre o que haveriam de conversar? Precisariam encontrar algum interesse comum, que poderia ser a paisagem ou as lindas árvores mais além ou outra coisa qualquer. Ainda assim, jamais conseguiriam ter comunhão. Talvez acontecesse caso o pecador prestasse atenção no testemunho urgente do homem bom. Mas, se ele se fechar e disser: "Não me venha falar sobre Deus", não haverá a menor comunhão. Quilômetros os separariam, mesmo que fossem da mesma nacionalidade, da mesma idade e viajassem no mesmo veículo.

Assim é com Deus e o homem. Deus está afastado do homem, e o homem, de Deus. Por isso, o mundo busca Deus: "[....] para que os homens [...] talvez, tateando, pudessem encontrá-lo [...]" (Atos 17.27). Não o encontram porque Deus e o homem diferem nas respectivas naturezas morais. Deus está em santidade perfeita, e o homem, em iniquidade perfeita; os dois jamais se encontrarão. Por isso, Deus parece tão longe.

Ilustrações das Escrituras

Depois de pecar, Adão fugiu e se escondeu da presença de Deus. Uma noite dessas, ouvi um rabino falar no rádio. Ele dizia que certa ocasião um rabino muito piedoso foi preso. Aproveitando a presença do velho homem, o carcereiro o procurou e disse:

— Mestre, tenho uma pergunta teológica para lhe fazer, extraída da sua Bíblia. O senhor acredita que Deus sabe todas as coisas?

— Oh, com certeza — respondeu o rabino.

— Bom, então por que ele chamou: "Adão, onde está você?". Se Deus sabia onde Adão estava, por que perguntou?

— Bem, filho — respondeu o rabino — isso não é difícil de entender. Deus disse: "Adão, onde está você?" não por desconhecer onde Adão estava, mas porque Adão não sabia onde ele próprio estava. A pergunta fora dirigida a ele. Adão estava perdido, não Deus.

Deus conhecia o paradeiro de Adão, mas o próprio Adão não sabia onde estava. Alienara-se de Deus. Penso que o velho rabino deu a explicação certa. De semelhante modo, em Gênesis 18.21 Deus disse: "[...] descerei para ver [...]". Isso não quer dizer que ele desceria para obter informações feito um repórter de jornal. O Deus grandioso sabe tudo em um só ato perfeito, instantâneo. Ainda assim, ele desce entre nós, age como nós e declara: "Descerei para ver".

Quando Jonas se recusou a obedecer ao Senhor rebelando-se, alienando o próprio coração, tomou um navio para fugir de sua presença. Achou que poderia escapar de Deus. Que tolice imaginar que conseguiria se esquivar de Deus! Também houve o caso de Pedro, que se ajoelhou e pediu: "[...] 'Afasta-te de mim, Senhor, porque sou um homem pecador!'" (Lucas 5.8).

O coração interpõe distância entre nós e Deus. Não devemos pensar em Deus como alguém longínquo, pois ele não habita no espaço, e "os céus não podem contê-lo, nem mesmo os mais altos céus" (2Crônicas 2.6). Antes, Deus contém o céu e os mais altos céus. Portanto, ele está perto de você agora — mais do que você está de si mesmo.

No entanto, o pecador está longe de Deus. Não está — todavia, está. Deus não se mantém distante feito uma divindade romana no alto de um monte sagrado. Mas está longe em sua disparidade santa do que é pecaminoso. No sentido da alienação e da inimizade. O homem natural não pode agradar a Deus (v. Romanos 8.8), pois Deus e o homem estão dissociados. Eis a terrível lei do mundo: a alienação.

A glória das criaturas morais

Por Deus não poder aceitar na santidade do seu céu seres moralmente díspares dele, deve haver um lugar para pôr aqueles que se recusam a se tornar como Deus. Precisamos ser como ele para entrar no céu; precisamos vê-lo e ser como ele, diz o Espírito Santo em 1João 3.2. A presença divina é a glória de todas as criaturas morais. Nossos pais chamaram-na de visão beatífica.

Da mesma forma que o esplendor solar é a glória de todas as criaturas que o amam e deixam o esconderijo para voar, ou rastejar, ou nadar quando o sol retorna, assim a presença do Deus santo é a glória de todas as criaturas morais. E a ausência dela, o terror, a dor e o sofrimento das criaturas caídas. Não me refiro à presença de Deus, mas à presença *manifesta* de Deus. Há uma grande diferença.

A presença de Deus invade até o inferno, diz o Espírito Santo no salmo 139. Mas sua presença manifesta só está no céu e onde houver almas boas. Portanto, nossa proximidade de Deus é tamanha que ele consegue escutar nosso mais leve sussurro — mesmo assim, há quem tenha tamanho senso de alienação e distanciamento que corre para um rio e se suicida, pensando não existir Deus nenhum em parte alguma do Universo.

Isso explica nossa agenda cheia; explica praticamente todo o entretenimento do mundo. As pessoas inventam toda sorte de diversão por não conseguirem conviver consigo mesmas sabendo que estão alienadas de Deus. São incapazes de viver sabendo que há uma disparidade moral a lhes manter para sempre o senso de infinito distanciamento entre a própria alma e o Deus que é sua vida e sua luz.

Não houvesse no inferno fogo algum, nem "verme [que] não morre" (Marcos 9.48), ele já se bastaria como inferno porque as criaturas morais estão apartadas para sempre do brilho da face de Deus. E não houvesse ruas de ouro, nem muros de jaspe, nem anjos, nem harpas, nem seres viventes, nem anciãos ou mar de vidro, o céu se bastaria como céu, pois contemplaremos a face do Senhor, e seu nome figurará em nossa fronte.

O céu se faz céu pela presença manifesta e consciente de Deus. E a recusa divina em manifestar sua presença àqueles que não desejam ser bons faz do inferno e do mundo o que cada um deles é. Se Deus se manifestasse às pessoas de toda a terra, toda casa noturna seria desocupada ou se converteria em uma bela reunião de oração. Toda casa de má fama se esvaziaria em cinco minutos, e todos os presentes, em profundo arrependimento e dor no coração, se ajoelhariam diante de Deus para pedir perdão, vertendo lágrimas de felicidade. A presença de Deus confere glória às criaturas morais, e a ausência dele traz aflição eterna às mesmas criaturas.

As pessoas renegam o Sol, mas ainda querem um dia resplandecente. Por isso, inventam todo tipo de luminosidade imaginável e soltam os mais variados fogos de artifício para o alto com o intuito de conseguirem produzir alguma luz. Damos a isso o nome de entretenimento, em que se incluem o teatro e tudo mais. Isso ajuda as pessoas a se esquecerem que elas estão sem Deus.

A natureza humana é tão diferente da divina que cria um abismo oculto, eterno, intransponível. O etíope não pode mudar sua pele nem o leopardo as suas pintas (v. Jeremias 13.23) — em outras palavras, quem nasce em pecado não consegue sair dele. Deus jamais mudará, e o homem não pode mudar a si próprio. Como, então, podem Deus e a raça humana se unir?

A reconciliação dos desiguais

A desigualdade só pode ser conciliada por aquele que é tanto Deus quanto homem. Ao homem é impossível alcançar a semelhança com Deus por meio da instrução ou disciplina. Mesmo que comece a frequentar galerias de arte, ler Shakespeare e comparecer a noites de estreia na ópera, ou que adote uma pronúncia mais erudita e sofisticada de sua língua — no fundo, continuará sendo o que era antes, caminhando na vaidade da mente, cegado pela ignorância que lhe vai por dentro, apartado da vida divina, "sem esperança e sem Deus no mundo" (Efésios 2.12).

O homem não consegue se endireitar. As religiões tentam fazê-lo, as filosofias tentam fazê-lo, os sistemas de ensino tentam fazê-lo, a polícia tenta fazê-lo. Tentamos de todo modo produzir uma similaridade que Deus venha a reconhecer para que, em vez de experimentar o citado senso de distanciamento infinito, possamos dizer com Jacó: "[...] 'Sem dúvida o Senhor está neste lugar [...]'" (Gênesis 28.16). Mas não temos como ser bem-sucedidos. Como fazer?

Em 2Coríntios 5.19, está escrito que "Deus em Cristo estava reconciliando consigo o mundo". O amor de Deus em Cristo reconciliava. Como pode Deus reconciliar a natureza distinta do homem com a dele? Isso pode ser realizado de duas maneiras.

Uma delas consiste em as duas partes alienadas fazerem concessões e, com isso, se juntarem. Se determinado sujeito e eu tivéssemos quatro propostas a nos separar, poderíamos nos juntar, orar e dizer:

— Não quero ficar sem sua amizade, portanto vou transigir em relação a isto aqui.

O sujeito então diria:

— Certo, então está bem, e eu transigirei nesse outro ponto.

Se ele percorresse metade do caminho e eu, a outra metade, nós nos reconciliaríamos.

Como, porém, Deus pode dizer para o pecador: "Vou andar metade do caminho"? Seria possível que propusesse: "Você está cego, então me aproximarei e ficarei meio cego, ao passo que você também virá e ficará meio cego. Você está morto, por isso me achegarei e morrerei um pouco, enquanto você também se aproximará e morrerá outro pouco"? Assim, chegando um pouco mais perto e fazendo concessões, ele e o homem conseguiriam se reconciliar? Para tanto, o Senhor precisaria se esvaziar de sua Divindade e deixar de ser Deus.

Prefiro ir para o inferno a ir para um céu presidido por esse deus disposto a fazer concessões para o pecado. Creio que todo homem e mulher direitos sentiriam a mesma coisa. Queremos que Deus seja o Deus santo que ele é. Deus nunca pode fazer concessões; não é assim que funciona. O filho pródigo e seu pai não se encontraram a meio caminho do país distante. O menino percorreu todo o caminho de volta ao lugar a que pertencia. Da mesma forma, o pecador arrependido perfaz todo o caminho de volta para Deus — que não se move de sua sagrada posição de santidade, justiça e amor infinitos, por toda a eternidade.

Deus nunca transige nem percorre metade do caminho. Permanece sendo o Deus que é. Eis o Deus que adoramos — nosso amigo fiel e imutável, dono de um amor tão grande quanto seu poder, que desconhece qualquer limite ou fim. Não queremos que ele transija. Não queremos que feche os olhos para nossa iniquidade. Queremos que faça alguma coisa em relação a ela.

Que atitude Deus tomou a esse respeito? Veio e se tornou carne, convertendo-se tanto em Deus quanto em homem, exceto pelo pecado, a fim de poder, com sua morte, tirar tudo do caminho e permitir ao homem retornar. Isso não teria como acontecer caso Deus não viesse e morresse. Agora, no entanto, por que ele veio e morreu, afastou todo obstáculo moral do caminho, de modo que o homem possa voltar para casa.

Pedro, ao abordar o assunto por outra perspectiva, afirma que Deus nos deixou as promessas do evangelho "para que por elas vocês se tornassem participantes da natureza divina" (2Pedro 1.4). O que isso significa? Que, quando o pecador volta ao lar, arrependido e crendo em Cristo para salvação, Deus implanta parte da própria natureza no coração desse antigo pecador. A partir de então, a natureza em Deus e a natureza no pecador deixam de ser distintas para serem uma só. O pecador está em casa, e a disparidade se foi; a diferença foi removida. A natureza divina implantada no homem agora torna moralmente apropriado que homem e Deus mantenham comunhão.

Sem transigir consigo mesmo de modo algum, Deus agora recebe o pecador de volta e faz um depósito da própria natureza e vida nesse pecador. Novo nascimento é isso. Não a adesão a uma igreja, não ser batizado, não abandonar este ou aquele mau hábito, embora todo mundo acabe abandonando os maus hábitos. O novo nascimento é uma implantação da vida divina.

Retomando minha ilustração um tanto canhestra, macaco e anjo ocupam a mesma sala e se entreolham. Impossível juntá-los. Você conseguiria fazer isso? Se o grande Deus todo-poderoso depositasse a gloriosa natureza celestial do anjo no macaco, de um salto o animal se poria de pé, apertaria a mão do anjo e o chamaria pelo nome, pois a similaridade se faria presente em um instante. Mas, enquanto um tiver a natureza de macaco e o outro, a de anjo, não poderá haver nada entre eles, exceto a eterna disparidade.

Da mesma forma, o mundo, com todo o seu dinheiro, cultura, educação, ciência e filosofia, continua sendo um macaco moral. A Bíblia assim o diz. O santo Deus não pode transigir em função de comunhão, nem pode o homem compreender Deus, pois o homem natural não tem como compreendê-lo, nem pode haver comunhão entre eles.

Contudo, Deus percorreu o caminho em Cristo, morreu sobre uma cruz e assim afastou o obstáculo. Pelo novo nascimento, confere parte da própria natureza divina e deliciosa ao pecador, o qual ergue os olhos e diz: "Aba, Pai" (Romanos 8.15; Gálatas 4.6) pela primeira vez na vida. Agora ele está convertido.

Foi o que aconteceu com Jacó. Ele se converteu em Gênesis 28, ao ver a escada para o céu, e foi cheio do Espírito Santo em Gênesis 32, no rio Jaboque — duas obras da graça. Jacó, um antigo pecador cujo nome significava "usurpador"; um corrupto.

> Jacó partiu de Berseba e foi para Harã. Chegando a determinado lugar, parou para pernoitar, porque o sol já se havia posto. Tomando uma das pedras dali, usou-a como travesseiro e deitou-se. E teve um sonho no qual viu uma escada apoiada na terra; o seu topo alcançava os céus, e os anjos de Deus subiam e desciam por ela. (Gênesis 28.10-12)

Deus e Jacó se encontraram, e Jacó creu em seu Deus. "Quando Jacó acordou do sono, disse: 'Sem dúvida o SENHOR está neste lugar, mas eu não sabia! [...] esta é a porta dos céus'" (28.16,17). Era a porta do céu quando ele se deitou ali, tanto quanto no momento em que despertou. Mas suas palavras foram: "eu não sabia". A presença de Deus estivera ali o tempo todo, mas agora, por obra do Senhor, Jacó passou a contar com a presença *consciente* de Deus.

Comunhão com Deus

Eis o motivo pelo qual o pecador plenamente convertido, depois de receber um transplante consciente da natureza divina em seu coração pela fé em Jesus Cristo, tem grande probabilidade de desfrutar de uma felicidade explosiva. Faz suas as palavras de Jacó: "Esta é a porta dos céus. Deus está neste lugar, e eu não sabia". A presença consciente de Deus foi restaurada para ele.

O que faz do céu, céu? A presença irrestrita e imaculada de Deus! O que faz do inferno, inferno? A ausência de consciência da presença de Deus! Essa é a diferença entre uma reunião de oração e um salão de baile. O Deus onipresente enche céu e terra, contém céu e terra e está presente em toda parte. Na reunião de oração, contudo, algumas velhinhas se ajoelham e dizem: "Ó Jesus, onde dois ou três estiverem reunidos, tu estás está no meio" (v. Mateus 18.20). Deus está entre eles. No salão de baile, as pessoas ficariam constrangidas caso a presença divina se manifestasse.

Por isso, as conversões hoje em dia são tão insípidas. Arrancamos as pessoas da concha em que vivem e tentamos esfregar-lhes o nariz em textos grafados em vermelho para fazê-las pensar que estão convertidas. Não passaram por um implante da vida divina — a similaridade inexiste —, por isso Deus e o homem não se encontram junto à sarça. Todavia, onde quer que Deus e o homem se encontrem, lá está a alegre recuperação do espírito humano. A similaridade é restaurada e, em vez de Deus se manter a 1 milhão de anos-luz de distância, o homem mal consegue acreditar no próprio coração quando brada: "Oh, Deus está neste lugar, e eu não sabia".

Ah, quanto às antigas conversões outra vez. Não tenho visto muitos exemplos desse tipo, mas já vi algumas — conversões nas quais o homem se põe de joelhos em erupções de choro e agonia, confessa os pecados a Deus, crê em Jesus Cristo e fica de pé com um brilho no rosto. Sai caminhando e apertando a mão de todo mundo, contendo as lágrimas da melhor maneira possível e sorrindo entre aquelas que não é capaz de reter. O que provoca esse tipo de conversão é não só a remoção consciente do pecado, mas a presença consciente de Deus revelada ao coração.

Essa é a alegria da conversão — não trazer Deus de uma estrela distante, mas conhecer Deus por uma mudança de natureza.

CAPÍTULO 8

A imanência de Deus

"Mas será possível que Deus habite na terra? Os céus, mesmo os mais altos céus, não podem conter-te. Muito menos este templo que construí!" (1Reis 8.27)

"Deus fez isso para que os homens o buscassem e talvez, tateando, pudessem encontrá-lo, embora não esteja longe de cada um de nós. 'Pois nele vivemos, nos movemos e existimos' [...]." (Atos 17.27,28)

Para onde poderia eu escapar do teu Espírito? Para onde poderia fugir da tua presença? Se eu subir aos céus, lá estás; se eu fizer a minha cama na sepultura, também lá estás. Se eu subir com as asas da alvorada e morar na extremidade do mar, mesmo ali a tua mão direita me guiará e me susterá. (Salmos 139.7-10)

Deus é onipresente, ou seja, está em toda parte. Ele também é imanente, significando que Deus *permeia* todas as coisas. Isso é doutrina cristã padrão, objeto de fé desde os primeiros dias do judaísmo. Deus, onipresente e imanente, permeia tudo, ao mesmo tempo que contém todas as coisas. O balde mergulhado nas profundezas do oceano está cheio de oceano. O oceano está no balde, que também está no oceano — rodeado por ele. Essa é a melhor ilustração que sou capaz de oferecer para explicar como Deus habita em seu Universo e, no entanto, o Universo habita em Deus.

No capítulo anterior, tratei da realidade do distanciamento — disse que distância é disparidade — e salientei que o inferno é para os diferentes de Deus. A disparidade moral cria o inferno. Para os seres moralmente diversos de Deus, o inferno é o destino. Para as criaturas moralmente semelhantes a Deus, com alguma similaridade com Deus, o destino é o céu, pois a ele pertence sua natureza. A reconciliação com Deus é assegurada por três atos divinos: redenção, justificação e regeneração.

A redenção, claro, é a obra objetiva de Cristo, o que ele fez na cruz antes que qualquer um de nós vivos hoje estivéssemos por aqui; algo que ele realizou sozinho nas trevas; um fato objetivo, ou seja, exterior a nós. Não teve lugar dentro de ninguém. Aconteceu objetiva e externamente. A lança feriu-lhe o lado quando Cristo estava só, e ele sofreu. Os pregos lhe perfuraram mãos e pés. Isso é redenção.

Ela poderia ter sido praticada sem afetar ninguém. Foi praticada, mas mesmo assim milhões morreram sem ser afetados por ela. No entanto, aqui está a beleza da coisa: o fato de esse gesto executado em trevas lá atrás possibilitar a justificação.

O segundo ato praticado por Deus para reconciliar consigo os homens é a justificação. É ela que declara justo o pecador. Também nos é exterior — ou seja, não nos afeta. Pessoas por ela agraciadas podem não se ver em melhor condição em virtude de terem sido justificadas pelo fato de a justificação ter força legal. Talvez aconteça de comparecerem perante um tribunal e serem consideradas inocentes de um crime sem que isso as transforme em nada. Têm o mesmo peso exato de antes e mantêm os mesmos relacionamentos. Em todos os sentidos, são as mesmas pessoas de antes, exceto por estarem judicialmente livres; foram declaradas inocentes perante a lei.

Poderia haver um efeito subjetivo se as pessoas descobrissem e se regozijassem, mas a obra não é realizada nelas. Ela acontece na mente do corpo de jurados e perante a lei. Trata-se de questão judicial. A justificação constitui, portanto, o segundo ato realizado por Deus para nos reconciliar consigo.

O terceiro ato é a regeneração, que tem lugar ao mesmo tempo que a justificação, claro. Afirmei que, quando Deus justifica alguém, essa pessoa pode não se ver em melhor condição por causa disso. Uma possibilidade técnica, mas não de fato, pois, quando Deus justifica alguém, também o regenera. Ninguém jamais foi justificado e não regenerado. Podem-se considerar as duas coisas separadas, apesar de, na verdade, não ser possível separá-las.

Justificação e regeneração não são a mesma coisa. Temos aqui a teologia cristã mais ordinária e básica que todo mundo deve conhecer. A regeneração acontece na vida da pessoa, no interior de seu coração. É algo subjetivo; tem a ver com a natureza da pessoa. Algo que entra na pessoa. Porque Jesus morreu em trevas e Deus aceitou essa morte como redenção por nosso pecado, se cremos em Cristo, Deus pode nos justificar, declarar-nos justos e então nos regenerar, concedendo-nos da sua natureza. Pois ele nos diz que por meio dessas promessas somos "participantes da natureza divina" (2Pedro 1.4).

Restauração da comparabilidade moral

A pessoa regenerada é alguém que participa da natureza divina, que tem um novo relacionamento com Deus, o que lhe confere vida eterna. Isso reúne Deus e a pessoa e restaura certo grau de similaridade moral para esse ser humano. O convertido mais recente, aquele que nasceu de novo ainda hoje (*nascer de novo* e *regenerar* têm o mesmo significado), conta com um grau de similaridade moral com Deus que outorga uma medida de comparabilidade.

O céu é um lugar de total comparabilidade; o pecado introduz a incompatibilidade entre Deus e o pecador. Não pode haver nenhuma comparabilidade ou comunhão entre os dois porque a condição introduzida pelo pecado coloca humanos e Deus em desacordo entre si. Todavia, se o pecador crê no sangue da redenção e deposita confiança em Cristo, é justificado no céu e regenerado na terra. A terra é o único lugar em que se é regenerado — não espere até morrer porque não haverá lugar para a regeneração depois que você estiver morto!

Ao confiar em Cristo, você é regenerado; recebe uma medida do caráter divino, de modo que haja imagem restaurada suficiente para que se complete a medida da comparabilidade. Esta permite que Deus se achegue emocionado à pessoa. E isso torna a comunhão moralmente consistente.

Não pode haver comunhão onde existe completa desigualdade. Pode-se fazer carinho na cabeça de um cachorro, mas não ter comunhão com o animal; existe uma disparidade de natureza grande demais. De igual modo, Deus não pode comungar com o pecador por causa de uma desigualdade violenta, uma disparidade que impossibilita a comunhão.

Contudo, em Colossenses 3.9,10 está escrito: "[...] visto que vocês [...] se revestiram do novo [homem], o qual está sendo renovado em conhecimento, à imagem do seu Criador". Esse novo homem em seu interior é o homem regenerado — o novo homem, você, iniciando seu caminho rumo à semelhança com Deus. E a estatura desse novo homem basta, mesmo no novo convertido, para que Deus possa ter comunhão sem nenhuma incongruência.

Sendo o Deus que ele é, o Senhor jamais pode manter comunhão com nada que não lhe seja semelhante. E, onde inexiste qualquer similaridade, inexiste a possibilidade da comunhão com Deus. O versículo diz que nos revestimos do novo homem. Os cristãos colossenses estavam longe de ser perfeitos, mas tinham se revestido do novo homem. A semente que havia neles, a raiz da questão, fazia-se presente no coração deles. Eram regenerados, de modo que Deus podia ter comunhão com a própria imagem dentro deles, onde via um pouquinho da própria face, e ter comunhão com seu povo. Por isso, podemos dizer: "Aba, Pai" (Romanos 8.15; Gálatas 4.6).

Um jovem pai vai até o hospital ver seu herdeiro recém-nascido. Olha pelo vidro e se sente entusiasmado, assustado, encantado — e desapontado. Percorre com o olhar todos os 25 ou 50 bebês do berçário e acaba escolhendo um lindo, na esperança de que seja o seu. Mas, então, levam a criança embora, e ele descobre que se enganou, decepcionado.

Quando, porém, as pessoas lhe dizem: "Seu filho é a sua cara!", o pai fica radiante! Na verdade, não se trata de um elogio — o bebê ainda é só uma massa meio informe a espernear, sugar e se mexer sem parar, de pele vermelha e sem cabelo. Mesmo assim, existe alguma semelhança ali; existe uma similaridade.

Em sentido mais profundo, o novo convertido, um camarada que acaba de nascer de novo, com certeza pode não ser muito parecido com Deus, mas alguma coisa nele se assemelha à Divindade. Então Deus pode reconhecê-lo como seu. Os anjos conseguem identificar certa familiaridade.

Por que, então, esse problema sério entre cristãos verdadeiros — a sensação de que Deus se mantém distante, ou de que estamos longe dele? É difícil para alguém que sofre desse sentimento de distanciamento se alegrar.

Creio que a maioria dos cristãos sofre realmente do sentido de distanciamento divino. Sabem que Deus é com eles e têm certeza de que são filhos do Altíssimo. São capazes de lhe mostrar os grifos em seu Novo Testamento e provar com seriedade e sobriedade que são justificados e regenerados, que pertencem a Deus, que o céu lhes servirá de lar e que têm Cristo como advogado lá no céu. Apropriaram-se da teologia; sabem tudo isso de cabeça, mas sofrem com o sentido de distanciamento.

Ter consciência de algo é uma coisa; tê-lo internalizado no coração é outra. Penso que a maioria dos cristãos tenta ser feliz sem um senso da presença divina. É como procurar viver um dia luminoso sem poder contar com o Sol. Você poderia dizer: "Pelo meu relógio, 15 minutos se passaram depois do meio-dia; portanto, o Sol está a pino. Alegremo-nos com o Sol. Ele não é lindo e radiante? Tomemo-lo por fé e nos regozijemos porque o Sol está lá em cima, porque tudo vai bem e o Sol está a pino".

Você pode apontar para o alto e dizer: "O Sol está a pino". Mas talvez esteja enganado. Enquanto o dia estiver escuro, melancólico e chuvoso, com as folhas das árvores encharcadas, pingando sem parar, você não o terá radiante. Contudo, assim que o Sol raiar, poderá se alegrar com sua presença.

Ansiando por Deus

Hoje os cristãos são teológicos em sua maioria. Sabem que estão salvos; alguém lhes deu um Novo Testamento cheio de marcações, e é certo que assim façamos até que tenham sua teologia bem ordenada. Mas tentam ser felizes sem um senso da presença divina. O anseio que você vê nesses cristãos é um desejo de estarem mais perto de Deus.

Você o encontrará em dois lugares: nas orações e nos hinos. Se acha que tirei essa ideia da minha própria cabeça, vá à próxima reunião de oração, ajoelhe-se na companhia dos irmãos e ouça-os orar. Todos oram parecido. "Ó Senhor, vem; ó Senhor, achega-te; ó Senhor, mostra-te; vem mais para perto de mim, Senhor." Se isso não lhe bastar, ouça-os cantar: "Fonte da celeste vida, vem, descobre o teu poder" ou "Mais perto quero estar, meu Deus, de ti".

O anseio pela proximidade de Deus e por fazer que o Senhor se achegue a nós é universal entre cristãos nascidos de novo. Todavia, pensamos em Deus como se ele viesse de longe até onde estamos, quando a Bíblia e a teologia cristã, desde Davi, declaram que ele já está aqui — agora. Deus não habita no espaço, portanto não precisa vir feito um raio de luz de algum lugar distante. Não existe lugar distante para ele, que contém toda lonjura e todas as distâncias no próprio e grande coração.

Por que, então, o sentimos tão afastado? Trata-se da disparidade das nossas naturezas; da desigualdade. Temos similaridade suficiente para que Deus possa manter comunhão conosco, chamar-nos de filhos e podermos dizer: "Aba, Pai". Mas, na prática disso tudo, sentimos nossa disparidade, por isso Deus parece distante.

Estou tentando explicar simplesmente o seguinte: a proximidade de Deus não é questão geográfica ou astronômica. Tampouco espacial. Trata-se de algo espiritual, relacionado a natureza. Assim, quando oramos: "Deus, leva-me para junto de ti" ou "Deus, vem mais perto", não pedimos (se formos bons teólogos) para Deus se aproximar a partir de uma longa distância. Sabemos que ele está aqui agora. Jesus disse: "[...] E eu estarei sempre com vocês [...]" (Mateus 28.20). O Senhor está aqui presente. Jacó disse: "[...] o Senhor está neste lugar, mas eu não sabia!" (Gênesis 28.16), não "Deus veio a este lugar"; suas palavras foram: "o Senhor está neste lugar".

Então, pelo que oramos? Por uma manifestação da presença de Deus. Não pela presença, mas por sua *manifestação*. Por que não temos a manifestação? Porque permitimos a diferença. Permitimos a disparidade moral. Aquele "sentido" de ausência é o resultado da diferença remanescente dentro de nós.

O desejo, o anseio por estar perto de Deus é, na verdade, o anseio por ser como ele. O anseio do coração liberto de ser como Deus de modo que seja possível estabelecer comunhão perfeita, e o coração e Deus possam se unir em divina comunhão.

Existe uma similaridade que torna compatível e adequado que Deus estabeleça comunhão com seus filhos — incluindo o mais pobre e o mais fraco deles. Mas também existem disparidades, a ponto de não haver comunhão no grau que deveria haver. Inexiste a perfeição do sentido da presença de Deus que desejamos e pela qual ansiamos, por que oramos e sobre a qual cantamos.

Como saber como é nosso Deus a fim de descobrirmos se somos como ele? A resposta: Deus é como Cristo, pois Cristo é Deus manifesto à humanidade. Olhando para o nosso Senhor Jesus, saberemos como Deus é e como temos de ser para experimentar a presença ininterrupta e contínua do Senhor.

A presença está aqui, mas o senso da presença se mantém ausente. Sabemos que o Sol continua em seu lugar, embora as nuvens pairem baixo no céu, a ponto de quase conseguirmos estender a mão e tocá-las. Mesmo quando temos consciência de que o Sol ocupa seu lugar, precisamos acender os faróis do carro por questão de segurança. Por causa das nuvens entre nós, não sentimos nem vemos o Sol, mas sabemos que ele está lá.

Nós, cristãos, sabemos que Deus está lá, mas existe um sentido da sua ausência. Determinado homem sente que o Sol se foi para nunca mais voltar; sabe que não é bem assim, mas não consegue ser feliz pelo fato de não o enxergar. Sente que Deus está longe, mesmo sabendo que ele está presente, contudo sem poder se manifestar como deseja por motivos específicos.

A santidade de Cristo

Observemos algumas das qualidades de Jesus. A primeira, claro, é a santidade. Nosso Deus é santo, nosso Senhor é santo e ao Espírito chamamos Espírito Santo. Agora pense em quão sujo, impuro e carnal é o cristão médio. Abrimos as portas para a imundície — ficamos meses sem arrependimento. Anos se passam sem pedirmos purificação ou que nossa sujeira seja levada embora. Então, cantamos: "Mais perto quero estar, meu Deus, de ti". Ou oramos: "Vem, Senhor, vem sobre esta reunião". Bem, o Senhor está aí presente.

O que na verdade pedimos em oração é: "Ó Senhor, revela-te". Todavia, ele não nos pode atender; um Deus santo não tem como se revelar em total comunhão com um cristão profano. Você me pergunta: "É possível um cristão ser profano?". É possível ao cristão ser carnal. A semente divina pode estar em seu interior, regenerando-o e justificando-o, e você ainda ser profano em alguns de seus sentimentos, desejos e disposições mais profundos.

A abnegação de Cristo

A segunda qualidade é a abnegação. Você já notou que Jesus Cristo era completamente abnegado e se doava? No entanto, como são egocêntricos e autocomplacentes os cristãos em sua maioria! Mesmo quando leem livros sobre avivamento, são egocêntricos. Mesmo quando oram por avivamento, são autocomplacentes. Entre outras coisas, o avivamento constitui manifestação repentina. É uma abertura de sol em meio a nuvens. Não o nascer do sol, mas sua aparição entre nuvens.

Sinto-me exausto. Cansei de mim mesmo, dos meus amigos, dos pregadores e dos respectivos ministérios. Como conseguimos nos tornar completamente egoístas! Vivemos em função do eu, bradamos em alta voz sobre glorificar a Deus e nos gabamos, dizendo: "Isso é para a glória de Deus". Todavia, somos egoístas. Você saberá que é egoísta se alguém o irritar e você sentir os cabelos da nuca se arrepiarem todos. Não ria. Não tem graça — é sério!

A congregação média tem potencial para juntar dinheiro suficiente não só para manter a igreja funcionando, como também para dobrar a oferta missionária. Haveria recursos suficientes — se não fôssemos tão autocomplacentes. Claro, um Cristo que demonstrou perfeita abnegação, entregou-se, derramou-se e não teve nenhum egoísmo não pode se mostrar receptivo ao coração autocomplacente e egocêntrico do cristão. Ama-nos, é nosso pastor, nosso advogado junto ao Pai, a defender nossa causa lá no céu. Somos seus irmãos em Cristo, e Deus, seu Pai, é também nosso Pai. Mas nosso egoísmo nos impede de desfrutar de comunhão, da docilidade que converte alguns em santos a caminhar pela terra (e me refiro a *santo* em mais de um sentido técnico).

O amor de Cristo

A terceira qualidade é o amor. Ele nos amou tanto que deu tudo. Mas como muitos de nós somos calculistas! "Bem, posso ir a essa reunião, mas não àquela; o médico me disse para não me exceder." Assim, temos tudo arquitetado. Administramos nossa vida espiritual como quem faz um orçamento. Que jeito barato e carnal de viver — contudo, é verdade, fazemos mesmo isso! Como o Deus das pessoas é limitado!

O amor do Senhor Jesus Cristo foi uma coisa grandiosa, apaixonada, um derramamento que o levou a se entregar por inteiro. Está escrito: "[...] Cristo não agradou a si próprio [...]" (Romanos 15.3). Nem nosso Senhor agradou a si próprio. Mas você sabe o que está errado conosco? Somos pessoas que agradam a si próprias. Vivemos para nós mesmos.

Há pessoas que comprariam um carro novo mesmo que significasse a falência e o fechamento das portas da igreja em que congregam. Há mulheres que se vestiriam na última moda mesmo se a causa missionária morresse e cada missionário tivesse de ser mandado de volta para casa. Contudo, somos santos, nascidos de novo, aqueles que creem — temos um Novo Testamento todo grifado!

Podemos ser cristãos, mas temos um amor calculista e limitado, que não se doa. Assim, como pode aquele que se entregou ter alguma comunhão conosco? Você quer uma ilustração bíblica para isso? Pois vou lhe dar. Está no capítulo 5 de Cântico dos Cânticos, aquele livro delicado, gentil, maravilhoso, lindo a respeito do qual o dr. Scofield disse: "O pecado quase nos privou da capacidade de nos ajoelharmos diante daquela sarça ardente".

Com certeza, você se lembra de que o noivo (representando Jesus) presenteara a futura esposa. Estava fora cuidando do rebanho, entre os lírios. O orvalho caía, e seu cabelo estava molhado com o sereno da noite (5.2). Ele se dedicava ao que seus interesses exigiam que fizesse, o que seu coração queria fazer.

Ele foi e bateu na porta dela para dizer:

— Você não virá se juntar a mim?

Ao que ela respondeu:

— Como poderia? Não estou vestida para isso. Estou vestida para ficar no sofá, em casa. Além do mais, pinga de minhas mãos o óleo com que você me presenteou. Não posso ir.

Então, ele desapareceu (5.3-6). Ainda era seu namorado e ainda queria se casar com ela (e assim o fez por fim, graças a Deus, e tudo deu certo).

Ele estava fora, derramando-se, e ela, em sua casa, admirando-se e inalando o perfume que ele lhe dera, na frente do espelho, a apreciar os vestidos e as joias que também dele ganhara. Ele a desejava, mas ela desejava as joias e perfumes com que ele a presenteava. Até que, por fim, deixou-se convencer e vestiu-se às pressas, mas não com vestes apropriadas para usar na rua. De qualquer forma, cobriu-se com um manto e saiu à procura de seu amado.

Perguntou às sentinelas: "Onde está ele?". As sentinelas bateram nela (5.7), chamaram-na de meretriz e mandaram que fosse embora para casa. Ela prosseguiu, cambaleante, por causa dos golpes daqueles homens, mas não conseguiu encontrá-lo. Enquanto o buscava, suas amigas disseram: "Qual o problema? Por que você não vai para casa?". E emendaram: "Que diferença há entre o seu amado e outro qualquer [...]?" (5.9). Ao que ela irrompeu em um lindo cântico de louvor: "O meu amado tem a pele bronzeada". Descreveu-o da cabeça aos pés — "ele se destaca entre dez mil" (5.10).

Ele desejara a companhia dela, e ela fora egoísta e egocêntrica demais. Claro que não pode haver comunhão alguma enquanto ele estiver ausente, ocupado, e ela permanecer egoisticamente em casa, ocupada com outras coisas.

Outras qualidades de Cristo

Outra qualidade de Cristo é a benignidade. Pense no quanto nosso Senhor Jesus é absolutamente bom. O amor de Deus é mais benigno que a medida da mente humana. Pense na bondade de Jesus em comparação com a dureza, a severidade, a aspereza, o amargor, a acidez presentes na vida de tanta gente. Como pode um Salvador bom se sentir tão à vontade com um cristão cruel?

Há também o perdão. Jesus é um Senhor que perdoa; e ele perdoou enquanto o açoitavam. Perdoou enquanto o penduravam na cruz. Mas como são inflexíveis e vingativos tantos filhos do Senhor! Você consegue se lembrar das coisas ruins que lhe aconteceram vinte anos atrás? É incapaz de superá-las; diz que perdoou, mas não o fez. Você acalenta o desejo de vingança; Deus perdoa. Ele provou que perdoava derramando sangue ao morrer. Você se prova vingativo e inflexível mediante inúmeras evidências e demonstrações.

Pense agora no zelo de Jesus. "Pois o zelo pela tua casa me consome [...]" (Salmos 69.9). Pense no zelo do Pai. "[...] O zelo do Senhor dos Exércitos fará isso" (Isaías 9.7). Não conheço nada mais zeloso que o fogo. Onde quer que ele arda, sempre o faz com zelo fervente. O coração de Jesus era assim. Mas pense no cristão morno, nos cristãos que não compareçam a uma reunião de oração há anos, no cristão negligente e letárgico — no torpor que se estende sobre a Igreja de Deus.

Há ainda a humildade de Jesus. Embora ocupasse a posição mais elevada, ele desceu e agiu como se estivesse na mais baixa. Pois, apesar de estarmos na mais baixa, às vezes agimos como os mais orgulhosos e arrogantes. Como somos diferentes de Jesus! Como somos diferentes de Deus!

Similaridade não é justificação

Quero dizer com isso que estamos justificados por sermos como Deus? Espero ter deixado claro que somos justificados porque considerados justos pelo Deus todo-poderoso, que fundamenta sua sentença na cruz de Jesus e na morte do Salvador nas trevas, no alto do monte. Assim, por ter providenciado redenção, o Senhor justifica. E, quando justifica, ele regenera. Você é salvo pela justificação e pela regeneração.

A regeneração, porém, não aperfeiçoa a imagem de Deus em você. A imagem de Deus tem de continuar a crescer e a se revelar, como um artista que trabalha uma pintura. A princípio, não passa de um esboço, uma confusão generalizada, mas o artista sabe o que tem ali. Aos poucos, a imagem vai surgindo. De igual modo, Deus parece distante de nós porque somos muito diferentes dele.

Horace Bushnell e seu amigo subiram a um monte para orar. Sentaram-se e conversaram acerca de Deus até que o Sol se pôs, as estrelas despontaram e a escuridão se instalou ao redor. Antes de irem embora, Bushnell sugeriu:

— Irmão, vamos orar antes de partir.

Assim, no escuro em que estavam, Bushnell elevou o coração a Deus. Mais tarde, seu amigo comentou:

— Mantive os braços apertados junto ao corpo. Tive medo de estendê-los e acabar tocando em Deus.

Certa ocasião, eu me ajoelhei debaixo de uma macieira em um campo na companhia de vários pregadores e de um capitão do Exército de Salvação chamado Ireland. Oramos todos, e então, quando esse capitão começou a orar, de repente senti alguém próximo a mim. Alguém mais que estava ali, que não se revelara, mas que estivera presente o tempo todo. " 'Sou eu apenas um Deus de perto', pergunta o SENHOR, 'e não também um Deus de longe?'" (Jeremias 23.23).

Como pode ele manifestar sua presença constante aos soberbos e arrogantes, quando é tão humilde e ínfimo? Aos mornos e negligentes, quando é tão zeloso? Aos inflexíveis e vingativos, sendo tão dado a perdoar? Com o duro e severo, sendo tão bondoso? Com o calculista, se seu amor o levou a morrer? Sendo nós tão sujos, como podemos ter comunhão com ele?

Há ainda que considerar a disposição mental de Jesus para as coisas celestiais. Oh, pense bem nisso! Ele estava com o Pai, no colo de Deus, ao mesmo tempo que andava na terra. Ele disse: "[...] O Filho unigênito, que está no seio do Pai [...]" (João 1.18, *ARC*). Note que a Bíblia diz *está*, não *esteve* — Jesus nunca deixou o seio do Pai enquanto esteve na terra. A única ocasião em que o fez foi em sua terrível e lancinante agonia, quando Deus lhe deu as costas a fim de que ele pudesse morrer na cruz pela humanidade. Só então e em nenhuma outra circunstância.

Jesus declarou sobre o outro mundo: "[...] eu sou lá de cima [...]" (João 8.23). E ainda: "Pois desci dos céus [...]" (6.38).

Vivia no seio de Deus e no outro mundo, sendo o mundo de acima aquele em que ele habitava. Agora pense em quanto seu povo é mundano. Fala em decoração de casa, aparelhos de TV, beisebol, futebol, carros, a paisagem da janela, sobrados, política — tudo, menos do céu e de Deus.

Então, queremos orar: "Leva-me mais para perto, mais para perto". Você está o mais perto possível em termos de distância. Mas Deus não pode se manifestar porque existe uma disparidade de naturezas. Você tem o suficiente da natureza dele para estar justificado e regenerado, mas não o suficiente para aperfeiçoar a comunhão. A perfeição da comunhão — é disso que temos desesperada necessidade.

Houve uma vez um homem que seguiu o Senhor de longe. Mas ele não conseguiu viver assim. Alguns de vocês aprenderam a viver dessa maneira. Amadureceram e aprenderam a viver na penumbra, tanto que já nem se importam mais com isso. Aprenderam a conviver com a frieza e não se importam. O que posso fazer em seu favor? Como posso ajudá-los? Não sei. Pedro o seguiu de longe, mas não o conseguiu suportar. O Senhor se virou e olhou para ele. Pedro, então, foi para fora e chorou amargamente.

Você derrama lágrimas por sua disparidade? Derrama lágrimas pela distância entre você e Deus, cuja presença você sente, mas ao mesmo tempo sabe que ele não está tanto perto quanto gostaria? Com isso, você não diminui em nada tudo o que o Senhor já fez em sua vida. Reconhece cada bênção e sente-se grato por elas, pela justificação, pela graça divina em sua vida. Mas não consegue fugir de um sentido de distanciamento, maior em determinados dias porque Deus parece longe de você. Sabe que não é o caso, mas experimenta essa sensação. Ele não pode mostrar o rosto. Você permitiu que a autocomplacência, a dureza, um espírito vingativo, a mornidão, a soberba e a mundanidade lhe encobrissem a face como uma nuvem.

Penso que o arrependimento se faz necessário. Precisamos nos arrepender da disparidade; da profanação na presença da santidade; da autocomplacência na presença do Cristo abnegado; da dureza na presença do Cristo bondoso; da inflexibilidade na presença do Cristo perdoador; da mornidão na presença do Cristo zeloso e ardente feito chama; da mundanidade e da secularidade na presença do Cristo celestial. Penso que precisamos nos arrepender.

O que você fará em relação a isso? Ele já abriu seu coração?

CAPÍTULO 9

A santidade de Deus

Quem entre os deuses é semelhante a ti, Senhor? Quem é semelhante a ti? Majestoso em santidade [...]? (Êxodo 15.11)

Eis que Deus não confia nem nos seus santos! Nem os céus são puros aos seus olhos. (Jó 15.15, NAA)

Se nem a lua é brilhante e nem as estrelas são puras aos olhos dele, muito menos o será o homem, que não passa de larva, o filho do homem, que não passa de verme! (Jó 25.5,6)

Contudo, tu és santo, entronizado entre os louvores de Israel. (Salmos 22.3, NAA)

O temor do Senhor é o princípio da sabedoria, e o conhecimento do Santo é entendimento. (Provérbios 9.10)

E proclamavam uns aos outros: "Santo, santo, santo é o Senhor dos Exércitos, a terra inteira está cheia da sua glória". (Isaías 6.3)

Dizem que, quando Leonardo da Vinci pintou a famosa *A última ceia*, pouca dificuldade encontrou, exceto com os rostos. Com o tempo, ele os pintou sem grandes problemas, exceto um. Não se sentiu digno de pintar o rosto de Jesus. Postergou o momento de fazê-lo o máximo que pôde, relutando em começar, mas sabendo que não tinha escapatória. Afinal, no impulso irrefletido do desespero, simplesmente pintou-o depressa e deixou a obra de lado. "Não adianta", desanimou. "Não consigo pintá-lo."

Tenho sensação muito parecida para dar uma explicação sobre a santidade de Deus. Creio que aquele mesmo sentimento de desespero está presente em meu coração. Não adianta nada alguém tentar explicar a santidade. Os maiores oradores podem discorrer sobre o assunto com a maestria com que o harpista dedilha seu instrumento: as notas soarão metálicas e artificiais. E, quando acabarem de falar, você terá ouvido a música, mas não viu Deus.

Não conseguimos entender a santidade

Suponho que a maior dificuldade para nosso intelecto compreender, em relação a Deus, seja sua infinitude. Mas você pode falar sobre ela e não se sentir um verme. Contudo, ao discorrer sobre a santidade divina, você tem diante de si não apenas o problema da assimilação intelectual, como também uma sensação de vilania pessoal, o que é quase demais para suportar.

A razão para isso: somos seres caídos — espiritual, moral, mental e fisicamente. Ou seja, em todos os sentidos que o homem pode cair. Cada um de nós nasceu em um mundo corrompido e aprendeu a impureza desde o berço. Alimentamo-nos dela com o leite materno, e a inalamos no ar que respiramos. Nossa educação a aprofunda, e nossa experiência a confirma — impurezas malignas por toda parte. Tudo está emporcalhado; até nosso branco mais branco é um cinza sujo.

Nossos heróis mais nobres são aviltantes, todos eles. Assim, aprendemos a inventar desculpas, olhar para o outro lado e não criar grandes expectativas. Não esperamos toda a verdade dos nossos professores, nem lealdade dos nossos políticos. Depressa os perdoamos quando mentem para nós e votamos neles outra vez. Não esperamos franqueza dos nossos comerciantes. Não esperamos credibilidade absoluta de ninguém. E damos um jeito de seguir em frente no mundo, só aprovando leis que nos protejam não apenas do elemento criminoso, mas das melhores pessoas que existem, que talvez pudessem tirar vantagem de nós em um momento de tentação.

Esse tipo de mundo penetra nossos poros, nossos nervos, até perdermos a capacidade de conceber o sagrado. Ainda assim, envidarei esforços para discutir a santidade de Deus, o santo. Não podemos compreendê-la, tampouco, com toda a certeza, defini-la.

Santidade significa pureza, mas o termo não a descreve bem o bastante. Pureza designa apenas algo sem mistura, em estado puro. Isso não basta. Falamos em excelência moral, mas não é apropriado. Ter excelência moral é ultrapassar outra pessoa em caráter moral. Todavia, quando dizemos que Deus é moralmente excelente, a quem ele sobrepuja? Aos anjos? Aos serafins? Com certeza — mas ainda não é suficiente. Referimo-nos a probidade; a honra; a verdade e justiça; a tudo isso — incriado e eterno.

Deus não é hoje mais santo do que já foi. Para ele, sendo invariável e imutável, nunca pode se tornar mais santo do que é. Também nunca foi mais santo que hoje, nem jamais será. Sua excelência moral implica existência independente, pois não extrai sua santidade de ninguém nem de parte alguma. Deus nunca recorreu a um vasto reino infinitamente distante para dele extrair sua santidade; o próprio Deus é a santidade. Ele é todo-santo, o Santo das Escrituras; é a santidade em si, vai além do poder do pensamento de assimilar ou da palavra de expressar, além do poder de todo louvor.

A linguagem não consegue expressar o que é santo, motivo pelo qual Deus lança mão da associação e da sugestão. Não pode declará-lo abertamente porque teria de usar palavras das quais desconhecemos o significado. Teria de reduzi-las à nossa profanidade. Se quisesse nos contar quão alvo ele é, entenderíamos o conceito apenas em termos de cinza-sujo.

Deus não pode nos falar por meio da linguagem, de modo que ele usa a associação e a sugestão para mostrar como a santidade afeta o profano. Apresenta Moisés junto à sarça, diante da presença santa, flamejante, ajoelhado para tirar as sandálias, escondendo o rosto com medo de olhar para Deus.

> Disse o SENHOR a Moisés: "Virei numa densa nuvem, a fim de que o povo, ouvindo-me falar com você, passe a confiar sempre em você". Então Moisés relatou ao SENHOR o que o povo lhe dissera. E o SENHOR disse a Moisés: "Vá ao povo e consagre-o hoje e amanhã. Eles deverão lavar as suas vestes e estar prontos no terceiro dia, porque nesse dia o SENHOR descerá sobre o monte Sinai, à vista de todo o povo. Estabeleça limites em torno do monte e diga ao povo: Tenham o cuidado de não subir ao monte e de não tocar na sua base. Quem tocar no monte certamente será morto; será apedrejado ou morto a flechadas. Ninguém deverá tocá-lo com a mão. Seja homem, seja animal, não viverá. Somente quando a corneta soar um toque longo eles poderão subir ao monte". Tendo Moisés descido do monte, consagrou o povo; e eles lavaram as suas vestes. (Êxodo 19.9-14)

Moisés fez o melhor que pôde. Desceu e tentou limpá-los do tom cinza-sujo.

> Ao amanhecer do terceiro dia houve trovões e raios, uma densa nuvem cobriu o monte, e uma trombeta ressoou fortemente. Todos no acampamento tremeram de medo.

Moisés levou o povo para fora do acampamento, para encontrar-se com Deus, e eles ficaram ao pé do monte. O monte Sinai estava coberto de fumaça, pois o Senhor tinha descido sobre ele em chamas de fogo. Dele subia fumaça como que de uma fornalha; todo o monte tremia violentamente, e o som da trombeta era cada vez mais forte. Então Moisés falou, e a voz de Deus lhe respondeu. O Senhor desceu ao topo do monte Sinai e chamou Moisés para o alto do monte. Moisés subiu e o Senhor lhe disse: "Desça e alerte o povo que não ultrapasse os limites para ver o Senhor, e muitos deles pereçam". (19.16-21)

Tanta trombeta, e fogo, e fumaça, e monte sendo sacudido — era Deus dizendo, por sugestão e associação, o que não conseguíamos entender em palavras.

Duas palavras para santidade

Há duas palavras específicas para "santo" na Bíblia hebraica. Uma é empregada para o santo Deus quase com exclusividade. Provérbios 9.10 ensina: "O temor do Senhor é o princípio da sabedoria, e o conhecimento do Santo é entendimento". Note que a *Nova Versão Internacional* traz "[o] Santo", como na Bíblia hebraica.

Provérbios 30.3 também se vale dessa expressão: "Não aprendi sabedoria, nem tenho *conhecimento do Santo*" (grifo nosso). Mais uma vez, como na Bíblia hebraica. Os tradutores judeus encontraram a mesma palavra exata mais de 40 vezes e a traduziram por "o Santo". Portanto, é evidente que se refere a Deus! No entanto, a falta de clareza é suficiente para fazer que os tradutores da versão *King James* em inglês vertessem o termo para o equivalente em português de "o santo".

Outro termo para "santo" não é associado a Deus com muita frequência. Não é tão "forte" e costuma ser aplicado a coisas criadas. Trata-se de algo "santificado por contato ou associação" a algo santo. Ouvimos falar em solo sagrado, dia santo, cidade santa, povo santo, obras sagradas. Não se trata da mesma palavra espetacular, impregnada de assombro, que Deus utiliza quando se refere a "o santo" ou "o Santo".

O Novo Testamento tem uma palavra grega específica para o fato de Deus ser santo. "[...] 'Sejam santos, porque eu sou santo'." (1Pedro 1.16.) Noto que a definição do termo é "algo assombroso". Agora raciocine comigo: *algo assombroso* — esse é o significado da palavra "santo" — o Santo!

Pensemos por um instante no Santo e em suas criaturas. Vemos que ele só admite seres santos em sua presença. Contudo, no humanismo da nossa época — vivemos dias de um cristianismo diluído e sentimental, que faz barulho ao assoprar o nariz e transforma Deus em um pobre e frágil velho chorão —, nesta época terrível, esse sentido de santo não se vê na Igreja.

Ouço falar de muita gente se dedicando a ministérios especializados hoje em dia. Se vamos nos especializar, penso, então, que precisamos nos especializar na coisa certa. Assim, se darei ênfase a Deus e à sua santidade, a seu caráter terrível, inalcançável, a que se pode chamar "algo assombroso", acredito estar no caminho certo. Não se trata de algo que desapareceu por completo, mas que quase perdemos atualmente. O sentido de Santo quase inexiste por inteiro agora.

> Todos os anjos estavam em pé ao redor do trono, dos anciãos e dos quatro seres viventes. Eles se prostraram com o

rosto em terra diante do trono e adoraram a Deus, dizendo: "Amém! Louvor e glória, sabedoria, ação de graças, honra, poder e força sejam ao nosso Deus para todo o sempre. Amém!". Então um dos anciãos me perguntou: "Quem são estes que estão vestidos de branco e de onde vieram?" Respondi: Senhor, tu o sabes. E ele disse: "Estes são os que vieram da grande tribulação, que lavaram as suas vestes e as alvejaram no sangue do Cordeiro. Por isso, eles estão diante do trono de Deus e o servem dia e noite em seu santuário; e aquele que está assentado no trono estenderá sobre eles o seu tabernáculo". (Apocalipse 7.11-15)

Há pessoas na presença de Deus, mas elas estão ali apenas por intermédio de uma redenção técnica. Preocupo-me nesta hora que sejamos cristãos em sentido técnico. Podemos provar que somos — mas qualquer um consegue abrir um léxico grego e mostrar que você é um santo. O problema é o medo que tenho desse tipo de cristianismo. Se não experimentei o senso de vilania, em contraste com o de santidade inalcançável e indescritível, eu me pergunto se algum dia fui impactado com força suficiente para me arrepender de verdade. E, se não me arrependo, imagino se sou capaz de crer.

Hoje em dia, dão-nos um paliativo de ação imediata e nos dizem para apenas crermos. Em seguida, fornecemos nome e endereço, e estamos bem. Receio, todavia, que nossos pais tenham conhecido Deus de um modo diferente. James Ussher, arcebispo irlandês do século XVII, costumava ir até a margem do rio, ajoelhar-se junto a um tronco e se arrepender de seus pecados toda tarde de sábado — apesar da probabilidade de que não houvesse homem mais santo em toda a região. Ele sentia a própria e indescritível vilania; não suportava que cinza-sujo fosse o mais branco de que dispunha para contrastar com a brancura reluzente e inalcançável de Deus.

A ardente santidade divina

Abra o livro de Isaías: "Acima dele [do trono] estavam serafins; cada um deles tinha seis asas: com duas cobriam o rosto, com duas cobriam os pés e com duas voavam" (6.2). Não havia a leviandade que vemos hoje. Não existia a tendência de tentar ser mais engraçado que um palhaço. Havia um sentido da presença divina, e criaturas santas cobriam os próprios pés. Por quê? Elas cobriam os pés por recato, o rosto em sinal de adoração, e usavam as asas restantes para voar. Assim eram os serafins; chamados de "seres chamejantes". E há também Ezequiel, capítulo 1, onde as criaturas aparecem no meio do fogo (v. 5).

Deus costuma falar de si mesmo como fogo. "[...] 'Deus é fogo consumidor!'", diz Hebreus 12.29. E em Isaías 33.14: "[...] 'Quem de nós pode conviver com o fogo consumidor? Quem de nós pode conviver com a chama eterna?'".

As pessoas às vezes usam esse texto para indagar: "Quem de vocês vai para o inferno?". Mas, se considerar o contexto, você verá que não se trata de uma descrição do inferno. Quase todos os comentaristas concordam nesse ponto, pois o versículo seguinte diz: "Aquele que anda corretamente e fala o que é reto, que recusa o lucro injusto, cuja mão não aceita suborno, que tapa os ouvidos para as tramas de assassinatos e fecha os olhos para não contemplar o mal" (v. 15).

O que é esse fogo consumidor? Não o inferno, mas a presença de Deus. Quem de nós habitará em meio aos seres chamejantes? Você não sabe que fogo pode conviver com fogo?

Pode-se pôr o ferro no fogo, e o ferro aprenderá a conviver com o fogo absorvendo-o e começando a exibir seu brilho incandescente. Assim, habitaremos no fogo; as criaturas de Ezequiel saíram do fogo e usaram as asas em adoração. Sob a ordem da Palavra de Deus, saltam para fazer a vontade do Senhor, essas impressionantes criaturas santas sobre as quais sabemos tão pouco e deveríamos saber mais.

Deus se revelou como fogo quando falou a Moisés da sarça ardente (Êxodo 3.2). Acompanhou seu povo em uma coluna de fogo:

> Durante o dia o SENHOR ia adiante deles, numa coluna de nuvem, para guiá-los no caminho, e de noite, numa coluna de fogo, para iluminá-los, e assim podiam caminhar de dia e de noite. A coluna de nuvem não se afastava do povo de dia; nem a coluna de fogo, de noite (Êxodo 13.21,22).

Deus habitava ali, em meio àquele fogo terrível. Então, quando o tabernáculo foi construído e o querubim de ouro encobriu o propiciatório, o que desceu entre as asas desses anjos? O que um único homem podia ver, e só uma vez por ano, mediante derramamento de sangue? Eu me pergunto quantos sumos sacerdotes chegaram a contemplar a *shekinah*, com toda a proteção do sangue da expiação e do mandamento de Deus. O sacerdote atravessava o grande e pesado véu que exigia quatro homens para abri-lo. Esse homem, então, entrava, tremendo, para se colocar diante da presença divina.

Tento imaginar se, sendo judeu e adorando o grande Deus todo-poderoso, o Santo de Israel, um em 20 chegou a ousar olhar de soslaio para aquele fogo. Ninguém lhe disse que não podia fazê-lo, mas ainda assim gostaria de saber se alguém teve essa ousadia. Observo que até os serafins cobriam os rostos. Moisés "cobriu o rosto, pois teve medo de olhar para Deus" (Êxodo 3.6). João foi ao chão quando viu o Salvador, e precisou ser levantado quase dos mortos (v. Apocalipse 1.17).

Todo encontro com Deus tem sido tal que o homem se prostra e fica cego na estrada de Damasco (v. Atos 9). Que luz era aquela que o cegou? Um raio cósmico vindo da explosão de algum corpo ou da colisão de duas galáxias? Não! Era o Deus de Abraão, Isaque e Jacó, o Deus que habitara na sarça, o Deus que habitara na *shekinah* entre as asas dos serafins.

Quando estavam todos juntos em um só lugar e de repente se ouviu um som do céu feito o rugido de um vento impetuoso, línguas de fogo apareceram e pousaram sobre cada um deles (v. Atos 2.1-3) — o que era aquilo? O que poderia significar, a não ser que Deus os marcava na testa com sua santidade ardente, ao dizer: "Você agora é meu"?

A Igreja nasceu do fogo, como as criaturas em Ezequiel saíram do fogo. Hoje temos cinzas, mas devemos ser homens e mulheres de fogo, pois essa é nossa origem.

Eis as palavras que nos contam como Deus um dia haverá de exumar o céu:

> Pela mesma palavra os céus e a terra que agora existem estão reservados para o fogo, guardados para o dia do juízo [...]. Os céus desaparecerão com um grande estrondo, os elementos serão desfeitos pelo calor [...]. Naquele dia os céus serão desfeitos pelo fogo [...] (2Pedro 3.7,10,12).

Que fogo é esse? Será o fogo atômico de uma bomba de hidrogênio? Não se deixe enganar pelos cientistas. Não permita que seus conceitos e percepções espirituais sejam tragados por um laboratório de pesquisa. Esse fogo fabuloso do interior do qual os serafins se levantaram, o fogo que estava entre os querubins e a luz abrasadora que derrubou Paulo — tudo isso era o mesmo fogo que dissolverá céu e terra: a terrível presença do Santo, o algo assombroso. (Não se ofenda porque digo *algo* — sei que ele é uma pessoa, Deus, o Santo de Israel. Mas algo nele é espetacular e terrível.)

O Santo e o pecador

Esse Santo confronta o pecador, que pensa que decidirá quando servirá a Cristo; que imporá a própria vontade sobre a de Deus; que resolverá se aceitará ou não Jesus, se lhe obedecerá ou não. Atravessará a nave central de peito estufado, cheio de si.

O pecador — que repousará a cabeça no travesseiro à noite com um batimento cardíaco a separá-lo da eternidade — pensa: *Decidirei eu a questão. Tenho livre-arbítrio. Deus não está se impondo sobre a minha vontade.* Não, Deus não o fará — mas tenho algumas palavras para dirigir ao pecador. "Senhor, tu não és desde a eternidade? Meu Deus, meu Santo [...]. Teus olhos são tão puros que não suportam ver o mal; não podes tolerar a maldade [...]" (Habacuque 1.12,13).

As pessoas dizem: "O peso de seus problemas é demais para você? Jesus cuidará deles. Sente-se mentalmente atribulado? Jesus lhe dará paz. Está com problemas no trabalho? Jesus o ajudará em seu ofício". Tudo isso é verdade — mas, oh, muito distante da religião bíblica! Deus estava no meio deles!

No livro de Atos, o que reuniu as pessoas? Elas ministravam ao Senhor, jejuavam e oravam. E nesse lugar, na presença assombrosa, ouviram a voz do Espírito Santo dizer:

"[...] 'Separem-me Barnabé e Saulo [...]'" (Atos 13.2). Hoje, quando a igreja se reúne, retrocedemos a nossos planos, nosso raciocínio e nossos pensamentos — e o grande e santo Deus está em nosso meio.

Eu lhe recomendaria lembrar-se das seguintes palavras: "Teus olhos são tão puros que não suportam ver o mal". O mal está presente em sua vida, em seu coração, em sua casa, em seu negócio, em sua memória — tudo inconfessado, não perdoado e sem ser limpo. Lembre-se de que só pela paciência infinita de Deus você não é consumido (v. Lamentações 3.22). "[...] o nosso 'Deus é fogo consumidor!'" (Hebreus 12.29). Também está escrito: "Esforcem-se [...] para serem santos; sem santidade ninguém verá o Senhor" (12.14). Mestres surgem de toda parte com interpretações cinza-sujo, apresentando ideias, longas explicações e dizendo: "Veja, observe isso e aquilo". Mas o que está escrito permanece: "sem santidade ninguém verá o Senhor".

Se você conseguir interpretar tudo isso da maneira mais adequada e voltar para casa sem se sentir incomodado, fico a imaginar se seus olhos alguma vez contemplaram aquele algo assombroso. Indago se você tem "o conhecimento do Santo" (Provérbios 9.10). Pergunto se o sentido da santidade avassaladora e esmagadora de Deus alguma vez lhe ocupou o coração.

Houve época em que era comum, quando Deus ocupava o centro da adoração humana, ajoelhar-se diante de um altar e estremecer, chorar e transpirar em razão da agonia da convicção do pecado. Era o esperado na época. Não vemos isso hoje porque o Deus que pregamos não é o Deus eterno, terrível, "meu Santo", cujos olhos "são tão puros que não suportam ver o mal; [e tu] não podes tolerar a maldade".

Usamos a interpretação técnica da justificação pela fé e da justiça imputada por Cristo até diluirmos por completo o vinho da nossa espiritualidade. Deus nos ajude nessa má hora!

Colocamo-nos na presença de Deus com a alma enodoada. Apresentamo-nos portando um conceito próprio de moralidade, aprendido em livros, jornais e na escola. Achegamo-nos a Deus sujos — nosso branco mais branco é sujo, nossas igrejas são sujas e nossos pensamentos são sujos — e nada fazemos a esse respeito!

Se comparecêssemos sujos, mas tremendo, chocados e atemorizados na presença de Deus, se nos ajoelhássemos ao pé dele e clamássemos em coro com Isaías: "Estou perdido! Pois sou um homem de lábios impuros" (Isaías 6.5), eu conseguiria entender. Em vez disso, contudo, esgueiramo-nos para nos colocar em sua tremenda presença. Estamos sujos, mas temos um livro chamado *Seven Steps to Salvation* [Sete passos para a salvação] a nos oferecer sete versículos que nos livram dos nossos problemas. E a cada ano contamos com mais cristãos, mais pessoas indo à igreja, mais edifícios em que nos congregamos, mais dinheiro — e menos espiritualidade e santidade. Esquecemo-nos de que "sem santidade ninguém verá o Senhor" (Hebreus 12.14).

Pois vou lhe dizer, quero que Deus seja o que ele é: o Santo impecável, sagrado e inatingível, aquele que é sempre santo. Quero que seja e permaneça O SANTO. Quero que seu céu seja santo, bem como seu trono. Não desejo que mude, nem que altere suas exigências. Mesmo que me exclua, desejo que reste algo santo no Universo.

Hoje em dia, você pode ingressar em praticamente qualquer igreja. Pouco tempo atrás, ouvi falar de certa igreja em que, depois do hino de encerramento do culto, abrem-se as portas e qualquer um pode entrar. Um *gângster*, por exemplo, pode entrar e fazer parte da igreja. Pois eu protesto: "Nunca, nunca, jamais!". Se eles não podem entrar no céu, não devem ter o ingresso franqueado em nossas igrejas! Deixamos que elas permaneçam cinza-sujo em vez de suplicarmos pela alvura da santidade.

Assim que alguém começa a rogar para que os cristãos sejam santos, outro alguém chega e diz: "Ora, irmãos, não se entusiasmem demais com essa ideia; não sejam fanáticos. Deus compreende nossa carne; sabe que não passamos de pó". Ele sabe que não passamos de pó, mas também se diz dono de "olhos [...] tão puros que não suportam ver o mal" e que "sem santidade ninguém verá o Senhor".

Thomas Binney escreveu uma das coisas mais maravilhosas e surpreendentes que já li:

> Luz eternal! Luz eternal!
> Quão pura a alma deve ser
> Quando, exposta ao escrutínio de sua luz,
> Não se retrai, mas com calmo deleite
> Pode viver e o contemplar.
>
> Os espíritos que circundam seu trono
> Conseguem suportar a glória abrasadora;
> Mas por certo só eles o fazem,
> Visto que nunca, jamais conheceram
> Um mundo caído como este.
>
> Oh, como eu, cuja esfera de origem
> É escuridão, cuja mente é obtusa,
> Comparecerei diante do Inefável,
> E em meu espírito natural suportarei
> O raio de luz incriado?

"Como [...] em meu espírito natural suportarei o raio de luz incriado" — o feixe de luz flamejante, do qual surgem os "seres abrasadores" a entoar: "Santo, santo, santo é o Senhor dos Exércitos"? Como posso suportá-lo?

Todos os seus amparos religiosos, todas as suas Bíblias cheias de grifos, todos os seus divertidos amigos cristãos, piadistas e festeiros — tudo isso não significará nada quando cada um de nós for chamado a comparecer "diante do Inefável" e em seu espírito desnudo suportar o raio de luz incriado. Como faremos isso?

> Há um caminho para o homem subir
> Até o Senhor, Morada sublime;
> Uma Oferta, um Sacrifício,
> No poder do Espírito Santo,
> Um Advogado junto a Deus:
>
> Esses, sim, nos preparam para a visão
> da santidade no céu;
> Os filhos da ignorância e da noite
> Podem habitar na Luz eternal,
> Por meio do eterno Amor.

Creio ser essa uma das maiores composições já escritas por um mortal. Não a cantamos muito; terrível demais, temos medo dela.

"Os espíritos que circundam seu trono" — serafins, querubins, anjos, arcanjos, principados, potestades, poderes, criaturas caídas — "conseguem suportar a glória abrasadora", mas isso acontece porque "nunca, jamais conheceram um mundo caído como este".

Mas como faço para "suportar a glória abrasadora"? Não basta alguém encher de marcas meu Novo Testamento, eu esfregar o nariz nele e tentar me consolar. *Não quero ser consolado!* Quero saber como será na hora em que eu deixar minha esposa, filhos, netos e todos os meus bons amigos. Nem um só deles será capaz de me ajudar naquela hora terrível em que comparecerei diante do Inefável, e o raio de luz incriado atingir meu espírito desnudo.

Há um caminho. Ele passa por uma "Oferta, um Sacrifício" do "Advogado junto a Deus". Mas não encare isso com leviandade. A conversão costumava ser algo revolucionário, radical, maravilhoso, extremo, glorioso. Contudo, não restou muita coisa disso tudo. Esquecemo-nos de que Deus é o Santo de Israel.

> *Ó Deus, o tempo corre, voa como um pássaro assustado. O pássaro do tempo em pleno voo tem um pequeno caminho pelo qual esvoaçar. O vinho da vida goteja, e as folhas da vida caem uma a uma. Breve, perante o Inefável, todo homem tem de comparecer para apresentar um relato dos feitos empreendidos na carne. Ó Pai, mantém sobre nós um senso de santidade, de que não podemos pecar, e perdoa-nos, mas que nosso arrependimento seja profundo como nossa vida. Isso pedimos em nome de Cristo. Amém.*

CAPÍTULO 10

A perfeição de Deus

Desde Sião, perfeita em beleza, Deus resplandece. (Salmos 50.2)

Nesse versículo, três palavras guardam especial relação umas com as outras: "perfeita", "beleza" e "Deus". Os adjetivos "perfeita" e "beleza" se referem a Sião, mas ela é assim porque dela o Senhor resplandece.

Ao tentar compreender o cristianismo atual (e com isso não faço alusão a liberais ou modernistas, mas a evangélicos), precisamos levar em consideração duas coisas que têm acontecido ao longo dos últimos cinquenta anos. Precisamos levar em conta os lucros que temos tido e as perdas que temos sofrido.

Nossos lucros e perdas

Que as igrejas tenham obtido algum lucro nos últimos cinquenta anos não pode ser negado por ninguém com apreço pela verdade. Por exemplo, hoje um percentual maior da população global vai à igreja, e uma quantidade maior de pessoas se diz cristã. Também há o fato de os cursos teológicos, seminários e faculdades cristãs de todos os tipos se multiplicarem. Há uma inundação cada vez maior de literatura cristã sendo publicada e difundida no exterior.

Existe ainda a questão da popularidade da religião em nossos dias. Imagino que propagar ideias seja mais fácil quando elas são populares do que quando não são. E com certeza o evangelho é bastante popular atualmente. Temos a vantagem de contarmos com sistemas de comunicação melhores: rádio, televisão (para quem gosta), telefone e os demais. Aceleramos os meios de transporte, permitindo a um pregador falar em Chicago pela manhã e em Nova York à noite. E existem diversas organizações evangelísticas que foram criadas ao longo dos anos.

Estive pensando: não existe um único grupo linguístico, étnico ou social em parte alguma que não conte com alguém dedicado a evangelizá-lo. Temos os que desejam evangelizar judeus, homens de negócios, estudantes, hospitalizados, encarcerados e todo mundo em toda parte. Impossível negar que se está fazendo muito bem e que o evangelho vem sendo difundido. Esses são os lucros que temos aferido, e há muitos outros ainda.

Temos, porém, sofrido algumas perdas nesse meio-tempo. Quero elencá-las para você. Perdemos do nosso cristianismo evangélico, quase por completo, o que se costumava chamar de temor religioso. E com a perda do temor religioso veio uma leviandade e uma falta de cerimônia para com Deus que nossos pais não conheceram.

A inconsciência do que é eterno

Perdemos também a consciência do invisível e do eterno. O mundo está presente conosco em demasia, de modo que o invisível e o eterno parecem esquecidos ou, no mínimo, ausentes da nossa consciência. Só nos conscientizamos deles por breves instantes quando alguém morre. A Igreja perdeu a consciência da presença divina e do conceito de majestade.

Certa vez, durante um culto, comentei que organizáramos as igrejas de tal forma que Deus podia ir embora e nem perceberíamos. Na semana seguinte, recebi o telefonema de uma senhora que estivera presente no culto, embora frequentasse outra igreja evangélica. Ela não se mostrou crítica nem ríspida, mas pareceu estar de coração partido.

— Sr. Tozer — comentou ela —, ouvi o que o senhor disse, que Deus poderia ir embora da igreja que nem perceberíamos. Pois gostaria de informá-lo de que Deus já foi embora da nossa igreja.

Eu não queria ser culpado de falar contra a igreja, nem de ajudar aquela mulher em sua crítica, por isso respondi:

— Talvez o Espírito esteja sendo entristecido em sua igreja.

— Oh, ultrapassamos esse ponto há muito tempo — ela retrucou. — Faz muito tempo que o Espírito vem sendo entristecido. Deus, o Espírito, se recolheu.

Ora, não sei até que ponto o julgamento que ela fazia era verdadeiro. A mulher se mostrava terna e gentil. Estava menos criticando que apenas declarando algo que acreditava ser um fato. A consciência da presença divina parece ter abandonado as igrejas em um grau terrível.

Também tenho a impressão de que nos afastamos por completo do conceito de majestade. Estamos na era do homem comum, que se faz acompanhar do deus comum. Não temos mais heróis porque todo mundo é igual a todo mundo, e hoje o homem comum assumiu o comando. Em conjunto com o homem comum, no entanto, afirmo que está o deus comum e, com ele, a perda de toda a noção de majestade.

Você, então, me pergunta: "Sr. Tozer, não sobrou mesmo nada do conceito de majestade? A entronização da rainha não causou a maior comoção no mundo inteiro há poucos anos?".[1] Não havia o menor senso de majestade em todo o circo armado pela televisão para aquele evento. Não existia majestade ali. Coroamos a rainha da abóbora, do algodão e de outras espécies em nosso país, e a mistura é a mesma de teatralidade e sexo encontrada em toda parte. Se aquela moça fosse uma velha senhora simplória, não se teria feito muita coisa. Mas se tratava de uma bela jovem; por isso, tivemos um grande espetáculo, a que faltou majestade, no entanto. Podem dizer "Sua Majestade", mas sem consciência do que fazem.

O cristão moderno perdeu o senso de adoração, bem como a noção de majestade. Claro, de reverência também. Foi-se sua capacidade de se recolher. Perdeu a capacidade de se recolher internamente e ter comunhão em secreto com Deus no santuário do próprio espírito oculto. Disso é feito o cristianismo, mas todos o perdemos. Os números cresceram sim, mas perdemos temor. Escolas se multiplicaram sim, mas perdemos a consciência do invisível. Há toneladas de literatura sendo despejadas, claro, mas nenhuma consciência da presença divina. A comunicação está melhor, sem dúvida, mas não temos nada para comunicar. Contamos com organizações evangelísticas sim, mas o conceito de majestade, adoração e reverência praticamente já nos abandonou.

Lucros externos, perdas internas

O resultado disso é que nossos lucros são externos, e as perdas, internas. Essa é a grande tragédia do momento. Por fim, os lucros podem se revelar perdas espalhadas por uma área maior. Qualquer um consegue ver que, se a qualidade

---

[1] A coroação de Elizabeth II, rainha da Inglaterra, ocorreu em 1953.

da nossa religião anda baixa e mesmo assim continuamos a apresentá-la para mais pessoas, perdemos em vez de ganhar. Se temos pouca glória e a dispersamos até que se torne uma camada fina, nada ganhamos. Acredito ser essa a nossa situação e não conseguiremos recuperar nossa glória até que enxerguemos outra vez as obras incríveis e perfeitas de Deus.

Há anos cresce minha convicção de que precisamos recuperar o conceito das perfeições de Deus. Temos de voltar a ver como Deus é tremendo [ou seja, aquele que faz tremer], belo e perfeito. Precisamos começar a pregar isso, a escrever sobre isso, a promover essa ideia, a falar dela, a contá-la e a orar por ela até que tenhamos recuperado a noção de majestade, até que a consciência do divino retorne a nossa religião, até que tenhamos restabelecido a capacidade e o desejo de nos recolher no interior do nosso coração e de adorarmos a Deus no silêncio do nosso espírito.

Venho tentando converter as pessoas da exterioridade para a interioridade da religião. Procuro afastar as nuvens e mostrar Deus em sua glória. Tenho me posicionado quase sozinho na pregação disso, e tem sido estranho. Raras vezes, ouço alguém pregar alguma coisa sobre Deus, o Santo. As pessoas gostam de ouvir sobre o assunto e me convidam aqui e ali para pregá-lo. Mas por que não nos apropriamos da ideia? Não sei o motivo, mas não me sinto desencorajado.

Se continuarmos do jeito que estamos, espalhando nossa religião deficiente, nosso cristianismo enfraquecido, por uma área mais ampla até a volta do Senhor, ele irromperá entre as nuvens e se mostrará majestoso e maravilhoso nos altos céus, na terra e debaixo do mar, e em toda parte se curvarão e o confessarão como Senhor e Rei. Mas eu gostaria de ver essa constatação de volta à Igreja antes desse momento dramático. Gostaria de ver que sabemos disso hoje.

O que é perfeição?

O que significa perfeição? De acordo com o dicionário Webster, perfeição quer dizer "o mais alto grau de excelência possível". Ao que é perfeito, nada falta do que deveria ter, e não há nada que não devesse possuir. Perfeição é plenitude e completude. Algo perfeito de nada carece e nada tem que não deveria ter.

Essa palavra "perfeição", ou "perfeito", é relativa. Seu equivalente pode ser encontrado em grande quantidade na Bíblia em inglês, pois é a tradução de vários termos hebraicos e gregos. Significa "aquilo que é excelente, dotado do mais alto grau de excelência possível". Claro que é relativa, e a usamos de várias maneiras. Falamos que isso ou aquilo, mesmo sendo terreno, é perfeito; a Bíblia faz a mesma coisa.

Perfeição é ser completo em sua natureza. Ou seja, é ser perfeito enquanto toca em você. Se alguma outra coisa de outra natureza pretendesse ser igual a você, seria imperfeita. Permita-me ilustrar o que digo. Quando um bebê nasce, uma das primeiras coisas que o médico faz, e uma das primeiras que a mãe ansiosa também faz, é examiná-lo para saber se está tudo bem. Conferimos se lá estão duas pernas, dois braços, dois olhos, duas orelhas, um nariz. E, quando descobrimos tudo em número e lugar certos, sorrimos e dizemos: "Graças a Deus por esse bebezinho saudável". Isso é perfeição para um bebê humano.

Imagine, porém, um potrinho nascido na fazenda e submetido a exame pelo ansioso fazendeiro. O homem não confere se ele tem duas pernas, mas quatro. Se o animal só tiver duas, significa que nasceu deformado. Perfeição é ter apenas o que se deveria ter, ser o que se é. Desse modo relativo, perfeição significaria a integralidade e a plenitude do que se é.

Todavia, não podemos pensar em Deus desse modo. Se perfeição significa o grau mais elevado de excelência possível, não temos como aplicar esse conceito a Deus, em absoluto. Como falar de "grau mais elevado possível" em relação a Deus? Existe alguma coisa que *não* seja possível relacionada a Deus? Como se ele tivesse sido criado e feito alguma coisa no grau mais elevado possível para que fosse tão perfeito quanto poderia ser? Nada disso. Não se pode aplicar essa ideia a Deus; ela só vale para criaturas.

Em Deus inexistem graduações

Quando expliquei a infinitude de Deus, salientei que em Deus inexiste graduação. Ele não está no topo do topo em uma perfeição do ser sempre ascendente, de verme até enfim alcançarmos Deus. Pelo contrário, Deus é completamente diferente e separado, de modo que nele não existem graduações. Deus é Deus e pronto, uma perfeição infinita de plenitude, e não podemos dizer que ele é um pouco mais ou um pouco menos. "Mais" e "menos" são termos que se aplicam a criaturas. Podemos dizer que determinado homem tem um pouco mais de força hoje que ontem. Podemos dizer que a criança ficou um pouco mais alta este ano; ela está crescendo. Mas não se pode aplicar mais ou menos a Deus, pois ele é o ser perfeito por excelência; é simplesmente Deus.

Às vezes, quando falamos de perfeição, usamos a palavra "excelência". Você já parou para pensar no que ela quer dizer?

"Estar em estado excelente" é o significado, implicando uma *comparação* com algo ou alguém. No caso do músico, significa que ele é melhor que outros músicos. Se ele demonstra alto grau de excelência, poderíamos dizer que alcançou a perfeição em sua área. Não aconteceu, mas poderíamos empregar o termo dessa maneira.

Contudo, quando pensamos em Deus, vemos que ele mesmo afirma: " 'Com quem vocês vão me comparar? Quem se assemelha a mim?'[...]"(Isaías 40.25). Não se compara Deus. Dizemos que ele é *incomparável*, no sentido de que ocupa posição exclusiva como Deus, de que nada pode ser comparado a ele. Isaías foi enfático nesse ponto e escreveu utilizando linguagem bonita e eloquente, dizendo-nos que não devemos comparar o Senhor a nada ou a ninguém — nada em cima nos céus ou na terra aqui embaixo.

A Lei de Moisés dizia: "Não farás para ti nenhum ídolo, nenhuma imagem de qualquer coisa no céu, na terra, ou nas águas debaixo da terra" (Êxodo 20.4). As pessoas achavam que o significado disso era que jamais se deveria produzir nenhuma obra de arte. Mas o fato é que havia obras de arte no templo, cumprindo a ordem de Deus. Portanto, Deus não era contra as obras de arte; ele era contra que as utilizassem para substituí-lo, ou que as considerassem como Deus.

"Com quem vocês vão me comparar?", perguntou Deus. Todavia, a Bíblia usa a palavra "perfeito" o tempo todo, aplicando-a tanto a Deus quanto a coisas que não são Deus. Por exemplo, na ordem do Senhor: "Portanto, sejam perfeitos como perfeito é o Pai celestial de vocês" (Mateus 5.48). No original grego, a mesma palavra exata que se aplica a Deus também é aplicada às pessoas.

Sabe por que Deus se serve da mesma palavra? Por não existir nenhuma outra. Você não encontra linguagem capaz de dizer o que é Deus. Assim, Deus faz o melhor que pode, considerando quem e o que somos, para tornar-se conhecido para nós. O limite dele não é ele mesmo, mas nós. Paulo disse: "[...] vocês é que estão limitados em seu coração [...]" (v. 2Coríntios 6.12). Ou seja: "Vocês são o problema — seu coração é restrito demais". Deus não pode chegar até nós não por causa de uma imperfeição desse grande Deus, mas em razão da imperfeição do homem a quem ele está tentando transmitir a verdade.

Quando atribuímos perfeição a Deus, queremos dizer que ele tem plenitude e integralidade incondicionais em tudo. Plenitude e poder incondicionais. Ele também conta com plenitude incondicional de sabedoria. Tem conhecimento incondicional. Tem santidade incondicional.

Quando digo que certo homem é um cantor perfeito, eu o condiciono em minha mente. Penso: *Bem, ele faz o melhor possível para uma pessoa.* No entanto, quando digo que Deus é santo, não o condiciono. Falo em termos plenos e integrais. Deus é o que é e ponto final. O poder e o ser de Deus, sua sabedoria e conhecimento, sua santidade e bondade, sua justiça e misericórdia, seu amor e graça — tudo isso e outros tantos atributos divinos — são da mais reluzente, completa, incriada perfeição. São chamados de beleza do Senhor nosso Deus.

"Esteja sobre nós a beleza do SENHOR nosso Deus", rogou Moisés em Salmos 90.17 (tradução livre da versão *King James* em inglês). Davi disse: "Uma coisa peço ao SENHOR e a buscarei: que eu possa morar na Casa do SENHOR todos os dias da minha vida, para contemplar a beleza do SENHOR e meditar no seu templo" (27.4, *NAA*). "Beleza do Senhor" significa que Deus tem tudo o que deveria ter de todas as coisas, a plenitude de tudo. Se pensamos em amor, não há limite para o amor de Deus. Se em misericórdia, não há limite para a misericórdia de Deus. Se na graça, não existem fronteiras para a graça divina. Se em bondade, não existe limite para a bondade de Deus. E isso é chamado de beleza do Senhor nosso Deus.

"Desde Sião, perfeita em beleza, Deus resplandece" (Salmos 50.2). Por que Sião era perfeita em beleza? Porque sua beleza vinha do Deus resplandecente que habitava nas asas dos querubins. Não era apenas arquitetônica, mas tudo que lhe dizia respeito era belo. Contava com uma hinologia linda. Suas ideias de adoração eram belas, reluzindo ao Sol, sabendo que Deus estava ali, entre as asas dos querubins, habitando na *shekinah*.[2] Sião era bela acima de toda a terra. Todas as coisas que se movem em direção a Deus são belas, mas feias quando dele se afastam.

O que honra a Deus é belo

Quanto mais velho fico, mais amo os hinos e menos a música secular. Por bela e artística que seja, e mesmo capaz de expressar o talento do compositor, à música secular falta uma joia na coroa. O hino, por sua vez, mesmo que não reflita o mesmo grau de aptidão e um bom músico lhe encontre as falhas, ainda é lindo porque Deus está nele. O cântico que honra o Senhor está fadado a ser belo.

Por isso, o salmo 23 é tão bonito — porque honra a Deus. E assim acontece com a Bíblia inteira; trata-se de um livro

---

[2] Termo hebraico para designar a manifestação visível da presença de Deus.

resplandecente, maravilhoso e adorável, quer produzido no papel mais barato quer revestido do couro mais caro; quer impresso em papel-jornal quer na mais fina folha da Índia. É um livro lindo.

A própria teologia é uma coisa linda: a mente raciocinando acerca de Deus. É a mente de joelhos em devoção esbaforida refletindo sobre Deus — ou assim deveria ser. Ela pode se tornar algo muito duro e frio, a ponto de perdermos Deus no meio da nossa teologia. Mas o tipo de teologia a que me refiro, o estudo de Deus, é uma coisa linda.

Por isso, imagino que, à medida que envelhece, o homem procura mais Davi e menos Platão, menos Aristóteles e mais Paulo. Há beleza em Paulo e Davi, pois ambos celebraram a perfeição de Deus, ao passo que os outros lidaram com questões completamente diferentes.

O céu é o lugar da beleza suprema. Acho que precisamos repensar todo o nosso conceito do céu; temos de começar a orar e buscar as Escrituras que tratam do assunto. De viagem marcada para Paris, você pelo menos daria uma olhada em algum folheto para conhecer seu destino. Assim, se está indo para o céu, penso que deva saber alguma coisa sobre ele.

As Escrituras contêm muita coisa sobre o céu, mas vivemos tão ocupados aqui embaixo que não nos preocupamos muito com isso. Não tentarei descrevê-lo; receio que qualquer um que o fizesse sofreria sérias avarias mentais pelo peso da empreitada. Inviável. Mas o céu é o lugar de suprema beleza, isso podemos declarar. Por quê? Porque a beleza da perfeição está lá.

"Esteja sobre nós a beleza do Senhor nosso Deus" (Salmos 90.17, tradução livre da versão *King James* em inglês).

Será que algum dia existiu coisa mais bela que o relato do nascimento de Jesus? Que a imagem dele caminhando entre os homens em brandura de humildade, curando os enfermos e ressuscitando mortos, perdoando pecadores e devolvendo pobres pessoas caídas à sociedade? Que ele indo para a cruz a fim de morrer por aqueles que o crucificavam?

Houve coisa mais adorável do que ser o Criador da própria mãe, que tecer o corpo que o protegeu e o trouxe por fim ao mundo? Ou mais tremenda, impressionante e misteriosa do que o Deus-homem caminhando entre os homens e dizendo: "[...] 'Eu vi Satanás caindo do céu como relâmpago' " (Lucas 10.18) e "[...] antes de Abraão nascer, Eu Sou!" (João 8.58)? Era o "Filho único, que mantém comunhão íntima com o Pai" (João 1.18, *NVT*).

A beleza centrada em Cristo

Toda beleza gira em torno de Jesus Cristo. Por isso, tirando o aspecto comercial, o Natal é uma coisa linda. Por isso, a Páscoa é tão bela. Para mim, a Páscoa é mais bela que o Natal, porque celebra um triunfo, enquanto o Natal comemora a vinda de alguém que ainda não lutara. Ele nasceu para isso, mas ainda não lutara. Quando chega a Páscoa, cantamos: "Os três dias desoladores passam rápido; ele ressurge glorioso dos mortos".[3] Há beleza nisso, apesar de não ser a beleza das cores, dos contornos ou da proporção física. Você pode adorá-lo em um estábulo, dentro de uma mina de cartão, no interior de uma fábrica.

Não é a beleza externa que encanta, mas a interna. O céu é belo por ser a expressão da perfeição da beleza. E, ao mesmo

---

[3] Autor desconhecido. The Strife Is O'er, traduzido para o inglês por Francis Pott.

tempo que isso se aplica ao céu, devo também dizer que o inferno é o lugar da feiura implacável, monstruosa, pois nele não existe perfeição alguma, só horripilante deformidade. Enquanto no céu, claro, há suprema beleza.

A terra fica entre os dois. Conhece a feiura e a beleza; está a meio caminho entre céu e inferno. Seus habitantes precisam decidir se querem correr atrás da beleza do céu ou da feiura monstruosa e implacável do inferno.

As pessoas se preocupam em saber se no inferno tem ou não fogo. Não vejo razão para não acreditar nisso; assumo como verdade o que a Bíblia diz. Eu não hesitaria em fazer menção das chamas do inferno, uma vez que as Escrituras falam de "lago de fogo" (Apocalipse 20.14,15). Todavia, se não houvesse fogo no inferno, se fosse um país habitável, ainda seria o mais feio do Universo, o lugar de deformação mais chocante que se conhece na criação, pois ali não há nada da perfeição da beleza. Só Deus é absolutamente perfeito.

Nada ruim é belo

Não é possível que algo ruim seja belo. As Escrituras afirmam que devemos adorar "o SENHOR na beleza da sua santidade" (Salmos 29.2, *NAA*). Algo profano pode ser bonito ou atraente, até charmoso. Mas não que seja belo. Só o que é santo pode ser belo, afinal.

"Adorem o SENHOR", dizem as Escrituras, "na beleza da sua santidade". Não se trata de uma observação fortuita, de relação casual de palavra com palavra — a beleza da santidade e a perfeição da beleza, bem como o fato de que só Deus é perfeito. Tudo isso se coaduna lindamente e de repente faz sentido, pois Deus é belo além de toda descrição. "Quão lindo deve ser o suspiro de Deus", diz o hino. E quão inexprimivelmente feio deve ser o suspiro do inferno.

Se pensar em uma prisão, em um lugar abandonado por toda esperança e misericórdia, você estará pensando no inferno. Se pensar em um lugar em que toda sabedoria moral está ausente, de que toda santidade desapareceu e toda bondade inexiste, onde não há justiça, misericórdia, amor, benignidade, graça, afeto ou caridade, mas apenas a múltipla plenitude monstruosa de profanidade, da insensatez moral, do ódio, da crueldade e da injustiça — você estará pensando no inferno. Esse o motivo pelo qual Deus nos chama para junto de si.

Quando levantaremos uma safra de pregadores que comecem a falar da perfeição divina e a dizer às pessoas o que elas precisam ouvir — que Jesus Cristo nasceu da virgem Maria e sofreu debaixo da autoridade de Pôncio Pilatos para morrer e ressuscitar? Ele ressuscitou a fim de poder nos salvar das monstruosidades eternas, da feiura que está longe de Deus, que não é Deus. Ele nos conduzirá à beleza que é o Senhor. Veio a fim de nos chamar para longe de todo mal, da deformidade e da feiura eterna, o inferno, e rumo à santidade, à perfeição e à beleza eterna.

Jesus Cristo é Deus vindo até nós porque "Deus em Cristo estava reconciliando consigo o mundo" (2Coríntios 5.19). Oh, que linda a ideia de que Deus veio a nós naquela humilde estrebaria! Que lindo o fato de ele vir para nós e caminhar entre nós! Veio com nossa forma e tipo, suportando sobre si nossa humanidade, para poder nos limpar, purificar, expurgar, refazer e restaurar, para nos levar de volta consigo ao local da perfeição da beleza.

Não sei onde fica o céu. Leio que pessoas envolvidas com o programa espacial disparou uma flecha banhada a ouro a cerca de 100 mil quilômetros, e algumas andam se perguntando se a esta altura ela já não estaria alcançando o céu. Só posso rir de uma coisa dessas, porque Deus não habita no espaço; o espaço não é nada para Deus. O grande coração infinito do Senhor reúne em si mesmo todo o espaço.

Nosso programa espacial é como um bebê brincando com sua bola de borracha em um estádio de beisebol. Ele não consegue fazer nada, a não ser jogar a bola para todo lado com um taco de brinquedo e engatinhar para buscá-la. Quando consegue lançá-la a 60 centímetros de distância, solta um grito estridente, deliciado, como se tivesse feito um *home run*. Mas longe dali, com quase 122 metros de extensão, está o campo. É preciso um homem forte para mandar a bola por cima da cerca.

Quando o homem envia sua flechinha para o espaço e ela alcança a Lua e passa a orbitá-la, vangloria-se disso por vários anos. Vá em frente, menininho, brinque com sua bola de borracha. Mas o grande Deus que carrega o Universo no coração sorri. Não ficou impressionado. Chama a humanidade para junto dele, para sua santidade, beleza, amor, misericórdia e bondade. Ele veio para nos reconciliar e nos chama de volta.

Nada maravilhoso no mundo

O que o mundo tem a oferecer, eu lhe pergunto. Nada. Somos bombardeados o tempo todo por anúncios tentando nos fazer acreditar que as engenhocas de determinado fabricante são dignas da nossa atenção. Não é bem assim. Se você deseja ir a algum lugar e precisa de um carro, arranje um, mas não o imagine maravilhoso. Se quiser voar para San Francisco, faça isso, mas não imagine que será uma maravilha. Não imagine que nada é uma maravilha.

"[...] E ele será chamado Maravilhoso [...]" (Isaías 9.6). Só ele é capaz de envolver e provocar o maravilhamento de anjos e serafins, querubins e arcanjos e de todos os seres e criaturas. Só ele é maravilhoso e veio a nós para nos reconciliar com ele. Que lindo, que maravilha!

Há um cântico que diz: "Toma meus interesses mortais e deixa que morram, e dá-me somente Deus". Se quiser ser estratégico ao orar, de modo que agrade a Deus, ore para que ele levante homens aptos a enxergarem a beleza do Senhor nosso Deus, a começar a pregá-la e a exibi-la para o povo, em vez de oferecer paz de espírito, libertação dos cigarros, um emprego melhor e um chalé mais bonito.

Deus liberta, sim, os homens dos cigarros; ajuda, sim, os homens de negócios; responde, sim, às orações. Mas tudo isso é secundário. Forma o estágio de jardim de infância da religião. Por que não vamos além dele? Por que não dizemos como o salmista: "Desde Sião, perfeita em beleza, Deus resplandece" (Salmos 50.2) e não olhamos para o alto a fim de contemplar a cidade do nosso Deus, a nova Jerusalém? Deus, a Maravilha do Universo, dela resplandece.

Que bem traz nossa movimentada religião se Deus não está nela? Que bem ela traz se perdemos majestade, reverência, adoração — a consciência do divino? Que bem ela traz se perdemos o senso da presença de Deus e a capacidade de nos recolhermos em nosso coração e nos encontrarmos com Deus no jardim? Se perdemos isso, por que construir mais uma igreja? Por que causar mais conversões para um cristianismo estéril?

O que leva as pessoas a seguirem um Salvador distante a ponto de não tê-las como sua propriedade?

Precisamos melhorar a qualidade do nosso cristianismo, coisa que jamais faremos, a não ser que elevemos nosso conceito de Deus de volta àquele adotado por apóstolos, sábios, profetas, santos e reformadores. Quando devolvermos Deus ao lugar que lhe pertence, instintiva e automaticamente voltaremos ao topo; toda a espiral da nossa direção religiosa será ascendente. Mas tentamos fazer dar certo usando métodos próprios; experimentamos com a tecnologia; tentamos criar avivamentos por meio de façanhas publicitárias.

Procuramos fomentar a religião esquecendo-nos de que ela se fundamenta no caráter de Deus. Se tenho um baixo conceito de Deus, minha religião só pode ser algo barato, diluído. Mas, se meu conceito de Deus for digno dele, então minha religião pode ser nobre e honrada, reverente, profunda e bela. É o que quero ver mais uma vez entre os homens. Oro nesse sentido. Você não?

> Ó Deus, nosso Pai, como é fácil retroceder, estar vivo, mas, na verdade, morto. Como é fácil participar de um grupo de pessoas alegres na igreja, conversar e rir, enquanto o mundo envelhece, o juízo se aproxima, o inferno amplia suas fronteiras e o anticristo se prepara para assumir seu posto. Enquanto o mundo se unifica e se apronta para receber um rei, ó Deus, minha igreja brinca e diz: "Estou [rica], adquiri riquezas e não preciso de nada" (Apocalipse 3.17). Temos mais frequentadores, mais dinheiro que nunca antes. Nossas igrejas custam mais, nossas escolas estão cheias e nossos programas são diversos. Mas estamos nos esquecendo, ó meu Deus, de que a qualidade do nosso cristianismo tem sido grandemente prejudicada.
>
> Oh, restaura de novo, clamamos, restaura de novo em tua Igreja a visão que ela tem de ti. Restaura de novo em tua Igreja a

visão que ela tem do grande Deus. Mostra-nos tua face, tua face amorosa, uma visão permanente da majestade. Não pedimos um feixe de luz transitório; queremos a vista permanente do Senhor em toda a sua maravilha.

Ó Deus, os homens seguem pecando sem parar enquanto sorriem para a religião; riem dela e a toleram. Mas, ó Deus, perdemos nosso temor, nosso senso de majestade e nossa reverência. Devolve--nos, suplicamos, a majestade nos céus; devolve-nos uma visão da majestade a fim de que possamos saber quão maravilhoso tu és. "Tua majestade, quão brilhante; quão belo o teu assento de misericórdia nas profundezas da luz ardente."

Envia-nos para orar, para andarmos por aí sabendo que, na verdade, estamos no jardim, como tu andaste "pelo jardim quando soprava a brisa do dia" (Gênesis 3.8) e Adão se escondeu. Oh, quantos de nós, Senhor, se escondem atrás de uma coisa ou de outra porque não estamos moral e espiritualmente preparados para nos expor e caminhar contigo. Mas "Enoque andou com Deus; e já não foi encontrado, pois Deus o havia arrebatado" (5.24). Moisés contemplou a tua face, e o rosto dele resplandeceu (v. Êxodo 34.29). Ó Deus, envia-nos não apenas para fazer convertidos, mas para glorificarmos o Pai e revelarmos a beleza de Jesus Cristo aos homens. Tudo isso te pedimos em nome de Jesus Cristo, nosso Senhor. Amém.